いただきます

平成食の物語

毎日新聞社会部【著】
佐々木悟郎【絵】

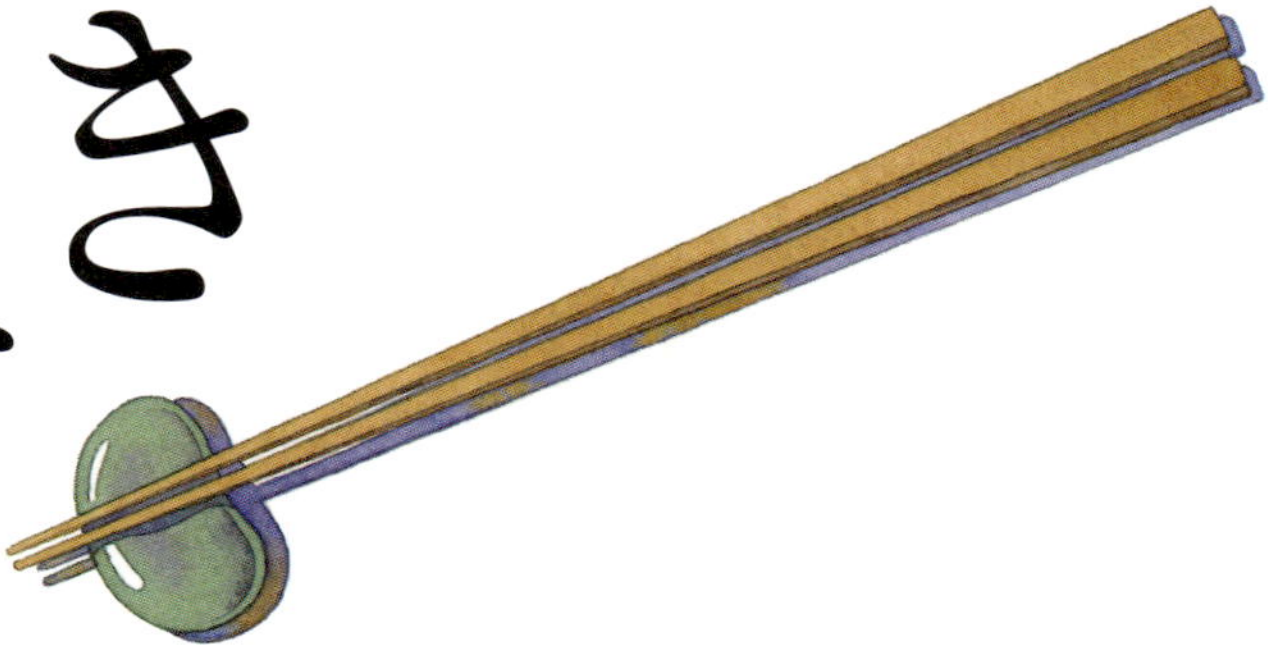

ブックマン社

はじめに

イタ飯、ティラミス、ナタ・デ・ココ。

平成の初め。バブル経済に沸く日本で「食」のブームが巻き起こった。流行の波に乗り、人も胃袋も踊った。


個食、家飲み、ご当地グルメ。

いつしかバブルがはじけ、景気は低迷期に入った。「食」の景色も大きく様変わりした。


食はその時々の社会を映し出す鏡だ。とりわけインターネットが急速に普及した平成は、誰かが「おいしい」と発信する店の情報があふれ、料理のレシピも簡単に手に入るようになった。街に出れば世界の料理を味わえ、スーパーに並ぶ食材も多国籍化している。テレビでグルメ番組を見ない日はない。

しかしそんな流行だけでは語れないものがある。それは一人一人の人生の中で、忘れられない「食の記憶」だ。

大切なものを失い悲しみの底にある時。大勝負を前に気合いを入れる時。新しい家族を迎え幸せをかみしめる時。その時は気づかなくても、「あのころ」を振り返るうちに、思い出す「食」がある。

大津波に襲われた宮城県のある浜では、正月に代々、焼きハゼの雑煮を食べてきた。震災後もハゼ漁を続ける老夫婦は「海から離れられない」と船を出し、仮設住宅でふるまう。

児童養護施設から巣立ち騎手として活躍する男性は、子供のころクリスマスのごちそうで食べたチキンの味が忘れられない。イブの前日に、獲得賞金の一部を施設に置いていく。

二度目の五輪開催を迎え、建設が進む東京・新国立競技場。そのそばにある老舗ラーメン店は、あの時の活気を懐かしむ。

過疎が進む岩手県花巻市。閉店に追い込まれた百貨店の大食堂を、高校生たちが街頭署名で復活させた。食堂の一番人気だったソフトクリームが、街のにぎわいを取り戻した。

お産の後に初めて助産院で食べたおにぎりの味。労働者の街で値上げをしない１６０円の卵焼き弁当。「天皇の料理番」が両陛下に学び、たどり着いたシンプルレシピ……。

それぞれの物語をたどると、そこに、時代の息づかいがあった。

―いただきます―平成 食の物語―目 次

はじめに 2

うな重×将棋会館「勝負メシ 魂の対局演出」 8

ジャムトースト×築地「河岸の風 感じていたい」 12

豚骨ラーメン×新国立競技場「濃厚スープ 五輪と共に」 16

母恋めし×ＪＲ室蘭線「栄えた鉄の街 母の思い」 20

がんもどき×未来食堂「善意つなぐ『まかない』」 24

クリスマスチキン×子供の家「お馬に乗った サンタさん」 28

年越しそば×下町「涙もすすった 青春時代」 32

焼きハゼの雑煮×石巻・長面浦「古里の暮らし わんの中に」 36

炉端焼き×宮城・閖上「朝市の匂い　天まで届け」40
甘辛炒め×闘将・星野さんの定宿「勝負師支えた　元気の源」44
ソフトクリーム×デパート大食堂「溶けない　地元愛で復活」48
なみえ焼そば×福島第一原発「懐かしの太麺　復興の力」52
豚丼×天皇の料理番「皇居で学んだ『引き算』」56
串カツ×ホスピス「病床で味わう　幸せな記憶」60
鯖煮×「孤独のグルメ」「名脇役生んだ　京の味」64
パンダダンゴ×上野動物園「『おいしくなれ』　改良重ね」68
ポーク卵×5・15沖縄「しなやかな　ウチナーの味」72
おしるこ×K-1リング「あきらめない夫婦　前へ」76
平壌冷麺×神戸・長田「4代つなぐ　祖国の味」80
卵焼き弁当×山谷・まりや食堂「160円がつなぐ命」84

シリア料理×さいたま「家族と祖国の塩味」88
カレー×ヒデキのCM「甘口は　スターの記憶」92
おにぎり×助産院「出産後の母　包み込む手」96
カツ丼×早稲田「学生街の顔　静かに幕」100
カツサンド×新宿・歌舞伎町「父と、この街の懐で」104
カクテル×秋田「友と故郷に　贈る一杯」108
親子丼×子どもの居場所「腹いっぱいなら　悪させん」112
エビフライ×介護の食卓「忘れない　夫の笑顔」116
ヤツガシラ×東京・羽村「手作りの喜び　次代へ」120

食を描くということ――佐々木悟郎 124

おわりに 126

※本書は、２０１７年10月より２０１９年１月まで毎日新聞社会面で連載された「いただきます」をまとめ、担当記者が加筆し、書籍化したものです。
登場人物の肩書、年齢等は新聞掲載時のものです。ご了承ください。

うな重×将棋会館

勝負メシ
魂の対局演出

張り詰めた空気に、駒音が響いた。

2017(平成29)年9月14日朝、東京・千駄ケ谷の将棋会館「飛燕《ひえん》」の間。7四歩。開始から間もなく、佐藤慎一五段(35)はほとんど前例のない攻めの一手を指した。向かい合うのは藤井聡太四段(15)。史上最年少で棋士になり、29連勝の記録を作った若き天才だ。

藤井四段とは話したこともないが、対局を心待ちにしていた。「相手は必ず良い手を指す。応えられればきっと面白い将棋になる」

お昼の時間が来た。棋士にとって食事は勝負のうちでもある。相手より豪華さや量で上回り心理的に優位に立とうとする人もいる。出前のメニューから、麺好きの藤井四段は冷やしたぬきそば、佐藤五段はうな重の「竹」を選んだ。3100円。普段は食べないが、対局では奮発する。栄養いっぱいで腹持ちがいい、いつもの「勝負メシ」。素早くかきこめるので、残りの休憩時間で次の一手を考えることもできる。この日は肝吸いも付けた。

老舗うなぎ屋「ふじもと」は、歴代の名人も愛した棋士の御用達だ。国産うなぎがふっくら蒸し上がる瞬間を見極めるのは店主の腕の見せどころ。先代から受け継ぐタレはあっさりめだ。この年引退した加藤一二三九段(77)は昼も夜もこの店のうな重を食べて戦った。

藤井四段とは、対照的な道を歩んできた。

プロ志望者が集まる「奨励会」に12歳で入会。上位2人だけがプロになれるリーグ戦で足踏みする。気付けば25歳になっていた。奨励会は満26歳で退会という年齢制限がある。崖っ縁のリーグ戦を15勝3敗で突破した。08(平成20)年、やっと来た春だった。

苦難は続く。４年後、発展途上だったコンピューターソフトの相手に指名された。練習対局でその進化に青ざめる。家にこもり、暖房とパソコンをつけっぱなしで研究した。電気使用量の急増を警告する通知が来た。この日の昼食もうな重だった。だが序盤からソフトの想定外の手に戸惑い、味わう余裕はなかった。結果は現役棋士が初めてソフトに屈した歴史的な敗北。観戦会場は静まり返り、解説の女流棋士は泣いていた。ブログは「棋士やめろ」「死ね」と中傷であふれた。

沈んだ心を救ってくれたのは、都内の将棋教室で教える子どもたちだ。「先生頑張ったね」。変な顔をして笑わせようとする子もいた。「そんなに落ち込んだ顔してるかな」。笑うと前向きな気持ちが戻ってきた。対局前に「絶対勝って」と手紙をくれた子はその後、弟子になった。「負けが込んでも腐らず努力すれば、必ず上に行けるよ」と励ます。昔の自分に言い聞かせるように。

序盤に繰り出した攻めの一手が呼び水となり、藤井四段との対局は熱戦になった。「前例のない、２人で作っていく対局だ」と解説者が身を乗り出した。プロ入りの時や対ソフトのような、負けることにおびえる対局とは違う。盤上に新たな道を切り開く喜びを感じる。思えば、こんな感覚を味わいたくて、棋士になった。

夜が更け、うなぎ屋「ふじもと」がのれんを下ろす頃、藤井四段の王将を盤の隅に追い込んだ。だが、あと１枚、駒が足りない。午後11時過ぎ。「負けました」。佐藤五段が頭を下げた。開始から、13時間２分がたっていた。藤井四段がプロになって、最も長い対局だった。

平成の終わりの将棋界は藤井聡太七段のデビューと連勝記録に沸きましたが、始まりにもスターが生まれていました。羽生善治九段です。1989（平成元）年に19歳で初タイトルを獲得。96（平成8）年には七冠を独占しました。

対局時の心境や棋士の人柄を想像できる「勝負メシ」は当時からファンのひそかな楽しみでした。藤井七段の登場と、ネット中継の普及で棋士の注文がリアルタイムで分かるようになったことが重なり、一気に注目度が増しました。女性棋士の食事と奮闘を描いた松本渚さんの漫画「将棋めし」はテレビドラマにもなりました。

加藤一二三九段は「昼も夜もうな重の時代が15年以上続いた」と自著で明かしています。揚げ物の定食を二つ頼む奇手も話題になりました。個性豊かな注文も将棋ブームに一役買っています。

「ふじもと」は将棋会館から歩いて3分ほど。日本将棋連盟は近くのそば屋や中華料理店などからも出前を取っています。支払いは棋士の自腹です。
うな重は3100～4600円。昼は2300円のうな丼もあります。店主は「やっぱり勝ちメシになってほしいね」とエールを送ります。
◎ふじもと…東京都渋谷区千駄ケ谷3の15の12。午前11時半～午後3時、午後5時半～午後9時（ラストオーダー午後8時半。土曜は昼のみ）。日曜・祝日定休。
03-3401-6551

ジャムトースト×築地

河岸の風 感じていたい

外はまだ暗い午前4時。東京・築地市場で喫茶店「岩田」が開店する。間もなくいつもの一番客が訪れる。近藤和夫さん（72）は15歳から築地で働く仲卸の社長だ。すでに魚の仕入れを終えた。30年も通っているから、カウンターに座れば黙っていてもアメリカンが出てくる。

仕入れは真剣勝負だ。魚を見た瞬間に「頭の中のコンピューターをはじく」。長年の経験と知識で目利きをしても、魚をさばいてみるまで本当の良しあしは分からない。「まだ半人前だよ」。タブレットに届く銀座や赤坂のすし屋からの注文を確かめながら、朝のセットを頼んだ。

トーストは、常連客の好みに合わせて出てくる。焼き加減は「良く焼き」「うす焼き」、切り方は「耳なし」「6等分」といった具合だ。時間に追われる市場の人たちのために、バターやジャムは店員が塗ってくれる。

近藤さんは、半分にカットした片方にイチゴジャム、片方にバターを塗ってもらうのが定番だ。バターの方には、特別に出してくれるハチミツをかけてかぶりつく。仕入れで熱くなった頭をリセットすると、魚を売りに向かった。

喫茶岩田は客から「お母さん」と呼ばれる岩田サワ子さん（73）が１９８７（昭和62）年に始めた。仲卸業の男性と結婚して築地に来た。クラシックの流れる喫茶店を持つのが夢だったが、長靴や鉢巻き姿の男たちが集まる店になった。「河岸の人たちは口は荒っぽいんだけどね。この方が合っていたのかもね」

店には、腕一本で生きる常連客が時間ごとに訪れ、まろやかなコーヒーで一息つく。誰かが顔を見せないと、誰かが「あいつ、どうしたんだ」と心配する。

午前8時ごろ、仕入れを終えたすし屋の大将がやってきた。「すし屋ってのは一匹オオカミなところがあって、自分で自分を励まさなきゃいけない。だから毎日ここに来る」。大将が席を立つと、入れ替わるように外国人観光客が増えていった。

豊洲への市場移転を機に、サワ子さんは「年も年だから」と店を畳むつもりだった。仲卸と飲食店が離れるため常連客は来づらくなるだろう。悩んでいた時、一緒に店に立つ長男の妻が「お母さん、私もやりますよ」と言ってくれた。

移転が延びて先が見えない不安はある。でも、この店にいられる時間は長くなった。きょうも窓越しに、にぎやかな河岸の空気を感じられる。

午後1時過ぎ、市場の騒がしさは去り、岩田は店を閉じた。

「日本の台所」と呼ばれてきた築地市場（東京都中央区）は２０１８（平成30）年10月、豊洲市場（江東区）に移転しました。

築地市場は１９３５（昭和10）年、関東大震災で焼失した日本橋の魚河岸と京橋の青物市場を統合して誕生しました。全国から水産物が集まり、「築地ブランド」を確立。水産物の取扱量はピークの87（昭和62）年に約81万トンに上りました。

施設が手狭になり老朽化も進む中、築地で再整備するか移転するか揺れ続けましたが、豊洲の土壌汚染問題に決着がついたことで移転となりました。

愛着ある築地市場の閉場とともに廃業した仲卸や飲食店がある一方、移転組は新天地で奮闘しています。新春恒例の「初競り」では青森県大間産のクロマグロ（２７８キロ）が３億３３６０万円で競り落とされ、記録が残る99（平成11）年以降で最高値でした。

喫茶岩田は豊洲移転後、新しい常連客が増えているそうです。カウンターに並ぶなじみ客との会話や雰囲気は変わりません。
築地で裏メニューだったツナチーズトースト（600円）とオムライス（950円）は表メニューになりました。コーヒー420円、トースト250円。
◎喫茶岩田…東京都江東区豊洲6の5の1　6街区3階。午前4時～午後2時（ラストオーダー午後1時半）。原則市場休場日が定休。03-6633-0250

豚骨ラーメン×新国立競技場

濃厚スープ
五輪と共に

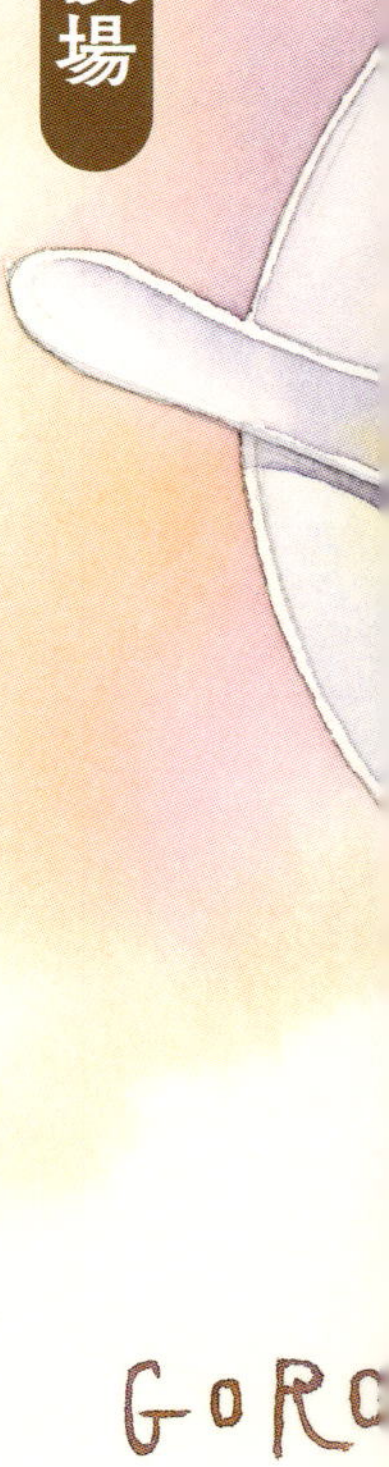

スポーツの聖地に鎚《つち》音が響く。２０１７（平成29）年秋、物流会社で働く水谷伸二さん（54）は現場から備品を運び出す仕事で、東京・千駄ケ谷にある新国立競技場の建設現場に来た。３年後に再び五輪を迎える場内を見渡すと、気持ちが高ぶった。お昼は決めていた。競技場の前に建つ老舗ラーメン店「ホープ軒」。十数年ぶりだが、黄色い看板と立ち食い客が並ぶ店先は変わらない。

20代の頃、週に一度は通った。ラーメンといえばしょうゆ味だった東京で、豚骨の目新しさにひかれた。時はバブル全盛期。携帯電話の前身「ショルダーホン」からパチンコ台まで売り歩き、黎明《れいめい》期だったコンピューターソフトの開発にも携わる。深夜の帰宅が当たり前の日々に、濃厚なスープが活力になった。

６年ほど前、母の介護のため、残業のない派遣社員に転じた。家族で暮らした調布は１９６４（昭和39）年の東京五輪でマラソン競技の折り返し地点だった。母は五輪の前年に生まれた水谷さんに「裸足のランナー」と呼ばれたアベベ選手が金メダルを取ったことをよく話してくれた。「次の東京五輪も見よう」。そう励ましたが、昨年（平成28年）に88歳で亡くなった。

新国立競技場の現場に立ち、憧れの五輪に関われる喜びを感じたが、工期が遅れ、辛うじて輪郭が分かる程度のスタンドが目に入る。「夢の舞台を造る仕事なのに」。長時間労働の末に若者が命を絶ったニュースを思い出し、胸が痛んだ。

年のせいかスープは飲み干せなかった。もうすぐ母の一周忌。「五輪の会場造りを手伝ったよ」と報告しよう。

ホープ軒の原点は店主、牛久保英昭さん（78）の幼い頃の記憶にある。戦後、疎開先から戻った東京は一面焼け野原だった。バラックのような店で母と初めて食べたラーメンの温かさが心にしみた。20歳で屋台を引き始め、客の助言を貪欲に取り入れた。豚骨をじっくり煮込んでコクを出し、肉の香りが引き立つよう背脂も浮かべた。15年後に今の場所に店を構え、全国に知られるようになった。

初めての五輪を控えた街には活気があった。サラリーマンやタクシー運転手で深夜も屋台の席が埋まった。「これから日本はもっと良くなる」。そんな言葉が飛び交った。

二度目の五輪まで10月28日で１０００日となった。牛久保さんは毎日厨房《ちゅうぼう》に立ち、威勢の良いしわがれ声で客を迎える。東京にあの頃のような熱気はまだ感じない。それでも水谷さんのような働く男たちで店はにぎわう。「常連が来てくれるからやめらんねえな」

大鍋から立ちのぼる湯気の向こうで、大型クレーンが休む間もなく動き続けている。

ラーメンは平成の始まりと共にブームを迎えました。九州で生まれた白濁スープの豚骨ラーメン店が東京に数多く進出。環状7号線沿いには競い合うように店が並び、「ラーメン戦争」とも言われました。

1994（平成6）年には横浜市に「新横浜ラーメン博物館」がオープンします。全国から選ばれた有名店の味を楽しめ、旭川や和歌山といったその後のご当地ラーメンブームの呼び水となりました。その後、麺をつゆにつけて食べる「つけ麺」やスープのない「油そば」も人気が広がりました。

2015（平成27）年発売のレストラン格付け本「ミシュランガイド東京2016」では東京都豊島区の店が一つ星を獲得。ラーメン店としては世界初の快挙でした。有名店などの海外進出もあり、ラーメンは世界で愛される存在になりました。

ホープ軒は神宮球場から歩いて8分、秩父宮ラグビー場から10分ほど。スポーツ関係者にとどまらず、漫画家の手塚治虫さんらも訪れたといいます。

1階は立ち食い専用のカウンターです。屋台時代に常連だったタクシー運転手たちがすぐに出入りできるように、という配慮からでした。2〜3階の席からは新国立競技場が目の前に見えます。

◎ホープ軒…東京都渋谷区千駄ケ谷2の33の9。24時間営業、無休。03-3405-4249

GORO

母恋めし×ＪＲ室蘭線

栄えた鉄の街
母の思い

木造の小さな駅舎に2両編成のディーゼル車がとまった。北海道室蘭市にあるＪＲ室蘭線の母恋《ぼこい》駅。常駐する駅員はいない。地元住民が切符を販売する簡易委託駅だ。

ＪＲ北海道は２０１６（平成28）年11月、単独では維持が難しい路線を発表した。室蘭線は対象にならなかったものの、市の人口はピーク時の半分ほどで、母恋駅の利用客も落ち込む。

午前9時、キヨスクが撤退した一角のシャッターが開いた。並んだ駅弁「母恋めし」は「いい母」にちなみ１１８８円。特産のコンブから引いただしで炊いたご飯とホッキを握り飯にしている。地元で喫茶店を営む関根勝治《かつじ》さん（78）一家が午前5時から手作りする。15年前に販売を始め、口コミで人気が広がった。

最近は中国や東南アジアから駅弁を求めて来る観光客が増えた。売店のノートには「おいしかった」

「また来ます」と寄せ書きが並ぶ。

石炭産業や製鉄が盛んだった頃、室蘭線は日本有数の黒字路線だった。勝治さんは「工員と鉄を運ぶ船乗りが街にあふれて、まさに不夜城だった」と懐かしむ。「駅っていうのは街の入り口で、たくさんの人の思い出が詰まった場所なんです」

母恋駅は毎月第2土曜の昼下がりに活気づく。利用者が減る中、駅の歴史を知る住民らが「母恋駅を愛する会」を21年前に作った。待合室に集い、歌や踊りで盛り上がる。

駅は会の代表を務める久保田純子《すみこ》さん（92）が10歳の時にできた。父は旧満州（現中国東北部）に渡り、18歳で母が病死した。戦争中、志願して兵隊になった15歳の弟を母恋駅で見送った。軍事教練を受けていた茨城から戦地に赴く前に一目会おうと、妹を連れぎゅうぎゅう詰めの列車に乗ったのも、この駅だった。

「日本には名前に恋がつく駅が四つしかないんでしょ。その中で、母恋が一番すてき。私の気持ちを表してくれるようで」。駅に来るたび、着物の帯をきゅっと結んだ母の面影を感じる。「純子、頼むね」という遺言を聞いて母親代わりになって弟と妹を育てた。あれから70年余り。約束は守れたと思う。

今は高齢者向けマンションに一人で暮らす。子や孫が来ると、母恋めしをふるまい思い出を語る。この駅に家族の歴史があることを覚えていてほしい。人気の駅弁があるうちは駅も残るかもしれない。お昼ごろ、母恋めしが完売した。小さな駅舎にもうじき初雪が降る。

平成は人口の一極集中化が進み、地方は厳しい状況に置かれました。インフラのひとつである鉄道路線は、人口減少と自家用車の普及、地方空港の整備といった要因により各地で存続が危ぶまれています。

一方、高級化により集客を目指す動きもあります。２０１３（平成25）年にＪＲ九州が運行を始めた「ななつ星」はゆったりと観光地を周遊しながら一流シェフの食事を楽しめ、３泊４日で１００万円近いプランもあります。ＪＲ東日本の「四季島《しきしま》」、ＪＲ西日本の「瑞風《みずかぜ》」とあわせて「クルーズトレイン」と呼ばれます。

高級化はアジアの富裕層などの心をつかみ、チケットの倍率が数十倍になることもあるそうです。駅弁を買い求める観光客が訪れる母恋駅をはじめ、「世界にひとつだけ」のブランドには人を呼び込む力があります。

「母恋めし」は工芸作家である関根勝治さんがホッキ貝の殻を使った作品作りにのめり込み、その身を家で食べるために妻の久子さんが炊き込みご飯にしたことから生まれました。
関根さん夫妻が北海道室蘭市で営む海沿いの喫茶店「ブロートン」でひとつずつ手作りするため、1日15〜40食の限定品です。母恋駅や東室蘭駅などで購入できるほか、北海道内や関東なら取り寄せることができます。
◎問い合わせは0143-27-2777（母恋めし本舗）

ORO

がんもどき×未来食堂

善意つなぐ「まかない」

カウンター12席の店の入り口には色とりどりの券が貼られていた。「おなかいっぱい食べてくださいね」。そんな伝言が書かれている。

東京都千代田区の未来食堂には、50分働くと賃金の代わりに日替わり定食９００円のただめし券がもらえる「まかない」システムがある。貼られた券は働いた人が自分で使わず、誰かのために残したものだ。どんな店だろう。記者の私も２０１７（平成29）年10月から働いてみた。

店はＩＴエンジニアから転身した小林せかいさん（33）が２年前に開いた。目指すのは「誰もが受け入れられ、誰もがふさわしい場所」だ。

「せかい」という名前や偏食、服装が「変わっている」と言われてきた。18歳で家出した時、アルバイト仲間と弁当を囲み「いただきます」と手を合わせると、なぜか涙がこぼれた。人が集まる食堂を開くのが夢になった。

まかない制度を始めたのは「お金が払えなくなった人とも縁を切りたくない」からだ。失敗をいとわず、誰にでも積極的に一品を任せる。作りたい料理があれば「やりましょう」と背中を押し、うまくいけば新メニューに加える。


私が厨房《ちゅうぼう》で出会ったのは学生や主婦、元バスガイドなどさまざま。年に延べ500人が働く。3月まで特別支援学校の教諭だった積田《つみた》寛美さん（56）もその一人だ。

料理を通して障害のある子の生きる力を伸ばす授業に傾注してきた。だが理想と現実のはざまで悩み、早期退職を選んだ。「親子がのびのびと過ごせる料理教室のようなものができないか」と思うが、なかなか自信が持てない。

積田さんが貼ったただめし券は就職活動をしていた神戸の女子大生が利用した。「ご恩はまかないで返したい」。券の裏に伝言を残し、1カ月後に厨房に入ると、偶然、積田さんと一緒になった。積田さんは「見えない糸でつながっているみたい」と言った。

11月のある日、積田さんの提案がメニューになった。がんもどきだ。子どもたちの力を育てようと走り回った新人教諭の頃「忙しくて、ろくなものを食べてないでしょ」と生徒の母親が食べさせてくれた。手作りの素朴な味にほっとしたことを覚えている。前回はきれいな形に仕上げられず、この日こそはと慎重に揚げていく。できたてにかぶりついた女性客の顔がほころんだ。

私のまかない10回目の12月7日、初めて来た男性が「自分もやりたい」と店の手拭いを頭に巻いた。気付けば私たちは厨房で、昔からの仲間のように肩を並べてお客さんを迎えていた。

未来食堂は50分働けば、賃金の代わりにただめし券がもらえる「まかない」のシステムで知られています。経営状況が気になる方も多いでしょう。実は事業計画書や決算書をホームページで公開しています。

情報を公開して誰でも参考にできるようにする手法はウェブの世界で「オープンソース」と呼ばれます。店主の小林せかいさんは小学生だった１９９５（平成７）年にWindows95が発売され、２００４（平成16）年ごろに始まったＳＮＳの浸透をリアルタイムで見た世代です。東京工業大学数学科を卒業し、日本ＩＢＭやクックパッドでエンジニアとして活躍した後、食堂を開きました。

まかないを体験して未来食堂で飲食業に触れた何人もの人たちが自分の店を開きました。小林さんはノウハウを惜しみなくシェア（共有）しています。

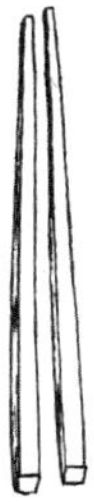

「未来食堂」は神保町駅から徒歩3分ほど。メニューは日替わりの定食（900円）のみ。ご飯と汁物、主菜、副菜に小皿が付くのが定番です。何を作るかは週末に客と話し合って決めます。接客は素っ気ないように見えるかもしれませんが「一見さんにも常連さんにも平等に」という配慮です。
◎未来食堂…東京都千代田区一ツ橋2の6の2　日本教育会館B1。午前11時～午後4時で、金曜、土曜は午後9時まで（ラストオーダーは各閉店の30分前）。日曜、月曜、祝日が定休

GORO

クリスマスチキン×子供の家

お馬に乗ったサンタさん

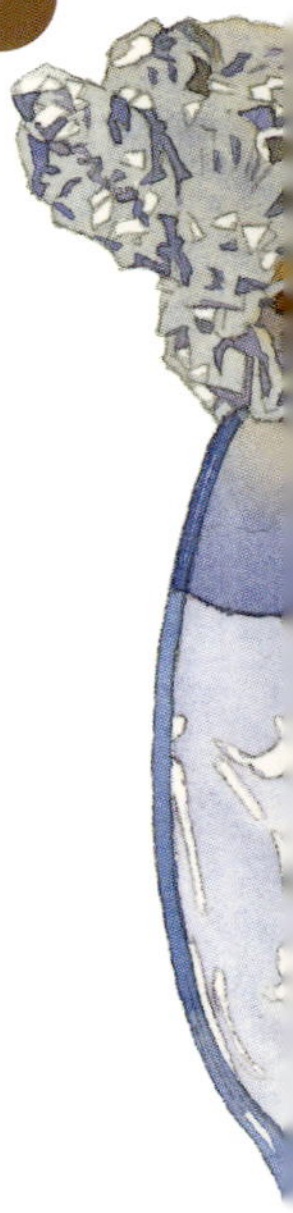

廊下から窓越しに厨房《ちゅうぼう》をのぞくと、調理員のトミーがでっかいオーブンで40本ほどの鶏もも肉を焼き上げていた。前日からたれに漬け込んだ香ばしいにおいがする。トミーの手料理は全部おいしかったけど、クリスマスに食べたチキンは特別なごちそうだった。

30年ほど前、こんちゃんと呼ばれた少年が神奈川県藤沢市の児童養護施設「聖園《みその》子供の家」で迎えた聖夜の思い出だ。

こんちゃんはその後、騎手になり、子供の家で「お馬に乗ったお兄さん」と呼ばれるようになった。そして、クリスマスには寄付金を持ってやってくる「お馬に乗ったサンタさん」になる。川崎競馬の人気騎手である今野《こんの》忠成さん（40）。父親が定職に就かず暮らしに困り、小学3年から中学卒業まで子供の家で育ち、騎手の学校に入った。

寄付の始まりはデビュー2年目の19歳の時にさかのぼる。師匠の鈴木敏一調教師から「今のお前があるのは子供の家のおかげだろう。10年続けたら褒めてやる」と言われた。以来、獲得賞金から毎年50万円の寄付を続けている。

駆け出しの頃は調教のため午前2時起きの生活が続いたが「辞めても帰る場所はない」と歯を食いしばった。師匠の口癖は「後ろ指をさされるような大人になるな」。レースに勝っても「てんぐになるな」。褒められたのは寄付を10年続けた時だけだ。

師匠は6年前に亡くなった。正直に言えば、寄付を始めた頃は気が進まないところもあったけれど、今は違う。クリスマスが近付くと師匠の墓にあいさつしてから子供の家を訪れるのが恒例になった。

子どもたちからトミーと呼ばれる調理員の富岡キヌさん(80)はこんちゃんと過ごしたクリスマスを懐かしむ。「替え歌を歌った子をはやして盛り上げていたわ。こんちゃん、覚えているかしら」

あの頃、厨房にいると下校した子どもたちが駆け込んできた。唐揚げをつまみ食いさせたり、話を聞いたり。「こんちゃんがこんなに立派になるなんて。偉いなあ」。退職した今も、子どもたちが学校で食べる弁当を作っている。

こんちゃんは2017(平成29)年、地方競馬通算2400勝を達成した。12月23日、今回も初心を忘れないようにと振り込みにはせず、寄付を封筒に入れて子供の家を訪れた。「子どもたちには、こういう卒業生もいるんだ、くらいに思ってもらえればいい」

寄付金で建てられたマリア像はトミーが植えた花で彩られていた。イルミネーションがきらめき、クリスマスを待つ子供の家で女の子がサンタの歌を歌っていた。

何らかの事情で親元で暮らせない子どもたちを支える児童養護施設は全国に６０５カ所あり、約２万５０００人が入所しています（平成30年時点）。ほかにも里親家庭、乳児院、ファミリーホームなどで暮らしている子どもたちもいます。

２０１０（平成22）年には漫画「タイガーマスク」の主人公・伊達《だて》直人《なおと》を名乗って児童養護施設にランドセルなどを届ける「タイガーマスク運動」が広がりました。クリスマスの朝、伊達直人の名前で群馬県の児童相談所にランドセルが10個届けられ、県内の児童養護施設に配られたという報道から火が付き、全国で同様の寄付が相次ぎました。

少子高齢化が進む平成でも悲しい事件は続いています。児童養護施設は貧困や虐待などさまざまな背景のある子どもたちのよりどころになっています。

児童養護施設は地域の人々の寄付やボランティアに支えられています。「聖園子供の家」でも今野忠成さんがいた当時から手作りのクリスマスケーキを毎年届けている女性がいます。学習ボランティアなどに継続的に関わる人たちもいます。
寄付や寄贈は施設によって必要なものが異なります。特に食品の場合は安全性や衛生面も確認しなければいけないため、事前に各施設に問い合わせてから届けてください。

年越しそば×下町

涙もすすった青春時代

荒川と隅田川に挟まれ、「島」と呼ばれる町に小さなそば屋がある。２０１７（平成29）年も残りわずかになった昼下がり。かつて島の職人だった倉田敏夫さん（77）が少し早い年越しそばを注文した。

ひしめき合っていた中小の工場や鍛冶屋は減り、働く男たちの姿は少なくなった。だがこの店のそばを食べると、貧しい境遇に泣いた若い頃を思い出す。

東京都足立区で7人きょうだいの長男に生まれた。終戦直後の生活は苦しく、「働け」という父の一言で中学校には行けなかった。

金型工場に住みこみで働くと、幼い妹や弟がよく訪ねてきた。「お金を貸してほしい」。父の言づてだった。荒川にかかる橋を渡り、10キロ近い道のりを歩いてきたと思うと胸が詰まる。わずかなお金しか渡せないことがふびんで、工場でたまに出前を取るこの店の盛りそばを食べさせた。汗を噴き、塩をなめて働く職人のために、せいろに乗り切らないほどの山盛りと濃いつゆだ。同級生はみな中学で学んでいる。「自分は何のために生きているのか」。悔しさを抑えながら、夢中ですすった。

「つらくても真っすぐに生きてほしい」。小学校の担任の言葉を支えに生きた。父は亡くなり、26歳で独立。借家を金型工場にして家族を呼び寄せ、結婚して3人の子にも恵まれた。

昨春には長年の夢だった夜間中学への入学を果たす。1年後に向かったのは小学校の担任の墓前。「恥ずかしながらやっとです」と卒業証書を広げた。

久しく足が遠のいていたそば屋にまた顔を出すようになった。年の瀬に頼んだのは温かい肉南そば。「具が入ったそばなんて食べられなかったな」

店の創業は高度成長を迎えようとしていた1950年過ぎ。間もなく嫁いできた女性（86）が「満腹の顔を見たい」と量と安さにこだわると、作業着姿の男たちで席が埋まった。「夜12時過ぎに出前したこともあったなあ」

70年代に入ると公害が社会問題になり工場の町は住宅街に変わっていった。だが今も残る工場に出入りする人たちのために朝6時には娘夫婦と店を開ける。山が崩れそうな盛りそばは400円。心意気は変わらない。

大みそかは一年で最も忙しくなる。かつての町を知る常連も来てくれる。そばを運ぶたびに心の中で一言添えるつもりだ。「来年もいい年でありますように」

夜間中学は戦後の混乱期に働くなど義務教育を受けられなかった人のためにできました。最近は外国人や不登校経験者の学びの場にもなっています。公立の夜間中学は8都府県に31校。ボランティアが自主運営する夜間中学は全国にあります。

文部科学省の２０１７（平成29）年の調査によると、公立夜間中学がある25市区中13市区で給食があります。東京都教育委員会の担当者は「昼とは別に献立を考えて調理しています」と話します。ある夜間中学の１カ月の献立には豚キムチうどんや四川豆腐丼などが並びます。外国籍の生徒への配慮もあるかもしれません。国際料理交流会を開いて親睦を深める学校もあるようです。

同年に教育機会確保法が施行され、国は各都道府県に１校は設置する目標を掲げました。すでに各地で検討が始まっています。

「島」にあるそば屋の名は記事では明かしていません。取材後に店側から「名乗るほどではないので」と要望があったためです。「今は薄味になった。昔は重労働で塩分取らなきゃいけなくて、しょっぱいのが好まれたんだけどね」。店の女性はつゆの濃さで町の移り変わりを表現してくれました。
最盛期は工場への出前の自転車が店の前に20台ほど並んだそうです。「パトカーによく怒られてね」と往時を懐かしんでいました。

GORO

焼きハゼの雑煮×石巻・長面浦

古里の暮らし わんの中に

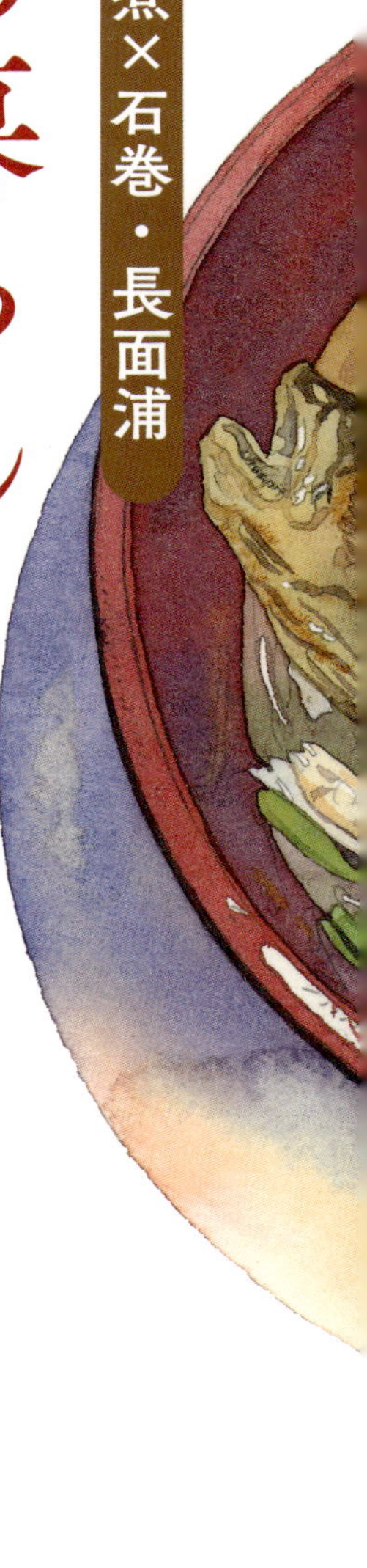

夜明け前、仮設住宅を出て北上川沿いに軽トラックを走らせると、20分ほどで河口にたどり着く。山に囲まれた湾に栄養分豊かな沢の水が流れ込み、カキなどの海の幸を育んでくれる入り江だ。宮城県石巻市の長面《ながつら》浦。ここで生まれ育った榊《さかき》照《てる》子《こ》さん（73）は子どもの頃から父と漁に出た。夫・正吾《しょうご》さん（74）と結婚した後も船に乗り続け「女船頭さん」と呼ばれた。

夫婦は浦のほとりにある作業場で、網にかかったハゼを串に刺していろりで焼く。天井につるして1週間ほどいぶせば、地元の正月に欠かせない焼きハゼができあがる。新鮮なうちに焼くとひれがピンと立ち、縁起物として仙台の料亭でも供される。

7年前の津波で浦を囲むようにあった民家は壊滅的な被害を受け、夫婦の母校でもある大川小学校では児童ら84人が犠牲になった。照子さんの父も半年後に遺体で見つかり、海を見るのもつらくなった。

仮設住宅に入り、初めてスーパーで魚を買った。おいしいとは思えない。「やっぱ海からは離れらんねえ」。流された船が奇跡的に見つかり漁を再開。最初の焼きハゼは父の仏前に供えた。仮設のお隣さんに配ると「ありがてえ」と何度も頭を下げられた。

長面浦には夫婦の作業場を含め数軒の建物が残った。海と生きてきた人たちは避難先から住めなくなった家に通い、ここから船を出す。

2018（平成30）年、榊さん夫妻は仮設住宅で7回目の正月を迎えた。照子さんはプレハブの戸口につるしていた焼きハゼを煮立てる。野菜やしみ豆腐を加え、イクラとセリの彩りを添えれば雑煮のできあがり。祖父の代から100年以上続く味だ。

近くに住む神山ヨシエさん（74）も榊さんの焼きハゼで雑煮を作った。浦にある家に嫁ぎ、しゅうとめに教わった家庭の味。それが2年続けてできなかったことがあった。夫に先立たれた年、そして津波で家を失った年だ。

昨年秋に仮設住宅を退去し、ようやく新しい家で正月を迎えられた。埼玉から帰省してきた長男一家に雑煮を振る舞い、新調した神棚にも供え、家内安全を祈った。

今でも浦で焼きハゼを作り続けているのは榊さん夫妻だけ。しかし、来季もできるかは分からない。作業場は復興工事で使えなくなり、照子さんの腰の具合も悪いからだ。「もう終わりかもな」

工事の重機がせわしなく動く長面浦で、記者は照子さんから焼きたてのハゼを勧められた。かみしめると香ばしさとほのかな甘さが広がる。この浦で継がれてきたかけがえのない暮らしを思った。

平成は多くの震災に見舞われた時代でもあります。１９９５（平成７）年の阪神・淡路大震災や２０１１（平成23）年の東日本大震災は大きな被害をもたらしました。平成の終盤にも熊本地震や大阪北部地震、北海道胆振《いぶり》東部地震などがありました。

震災後に造られた仮設住宅では住民の孤立化が問題になる一方、皆で集まって食事を作るなど新たなコミュニティーも作られました。榊照子さん、正吾さん夫妻も震災後は海から遠く離れた仮設住宅に住みながら以前のように漁に出て、隣近所に海の幸をお裾分けしていました。

榊さん夫妻の作業場は復興工事で取り壊され、焼きハゼは作れなくなりそうです。しかし、長面浦のカキ養殖は復活しています。２人は時折、カキをむく手伝いに出かけて、昔からの知り合いと肩を並べて仕事をしています。

途絶えゆく伝統を見直そうと動く人たちもいます。
2013（平成25）年、長面浦より南にある松島湾周辺で若者や芸術家が始めた「つながる湾プロジェクト」はハゼを釣って焼き干しにし、だしをとって雑煮を作る体験プロジェクトを開いています。定員20人ほどのプロジェクトは伝統の食文化を味わえる貴重な機会です。開催は年2～3回となっています。
◎問い合わせはメール
info@tsunagaruwan.com

GORO

炉端焼き×宮城・閖上

朝市の匂い 天まで届け

港が闇に包まれた日曜の午前3時。宮城県名取《なとり》市の海沿いのまち、閖上《ゆりあげ》で朝市の準備が始まる。富田友通さん（77）が前日に仕入れたカンパチをさばく。「忙しくなっぞ」。空が白み始めた。

朝市は約30年前、今の場所で始まった。「横並びじゃなく、切磋琢磨《せっさたくま》しよう」と仲間たちで決めた。閖上で取れた赤貝や近海のカキ。値段と質を競い合うと評判を呼び、7000人のまちに4000人近い客が訪れた。

7年前の震災がそのにぎわいを奪った。まちでは750人以上が亡くなり、朝市の一帯も津波に遭った。店主4人が犠牲になり多くが家族を失う。富田さんも妻の昭子さん（当時67歳）の消息が分からなくなった。

朝市のまとめ役を務める桜井広行さん（63）は親類を捜して避難所を回った。ロウソクの向こうに客の顔が見えた。「今日も明日もパン1枚だ」

「この人たちに30年メシ食わしてもらってきたんだ」。かき集めたちくわや塩辛を配った。内陸の駐車場で1日限りの朝市を開くと「次はいつ」と電話が殺到した。仲間たちと「続けよう」と決めた。

そこに富田さんの姿はなかった。昭子さんは遺体で見つかる。40歳を過ぎて帰郷し、魚屋を始めた時もついてきてくれた。明るさと押しの強さで引っ張ってきた客を「お母さんには負けたよ」と次々に常連にした。頼もしかった。

桜井さんは「気持ちの整理がついてからでいっから」と待ってくれた。息子も会社を辞めて手伝うという。その年の暮れ、再び出店を決めた。

太陽が昇り始めるとパチパチと魚介が焼ける音がした。客が買ったばかりのものを自分で焼ける「炉端焼き」だ。

港での朝市復活をみんなで目指しているころ、視察先で有料の焼き台が目にとまった。客はなく桜井さんが「どう思う」と尋ねた。富田さんは海水浴場の露店でかき氷を自分で作れるようにしたことがある。皿いっぱいにかき氷をのせる楽しそうな顔を思い出した。港に戻り、無料の焼き台を並べると客は震災前の1・5倍になった。

朝市の目の前に最近、防潮堤ができた。富田さんはほっとする。「本音言うと、まだ海を見たくねえんだ」。かさ上げした土地には5棟の団地も建った。それでも人口はまだ3割しか戻らない。

朝市には遠くからも家族連れが来てくれる。ホタテやハマグリが網に並び、客がしょうゆをまわし合う。「どこから来たの」と会話が始まる。

そばには慰霊碑が建つ。富田さんの店があった場所だ。にぎわいは女房にも届いているだろうか。

多くの災害があった平成は復興の時代でもあります。２０１１（平成23）年の東日本大震災では沿岸部が津波の被害を受けたため、多くの朝市が中止に追い込まれました。しかし、再開を待ちわびる被災者の声に応えて宮城県石巻市の石巻ふれあい朝市は震災３カ月後、青森県八戸市の館鼻《たてはな》岸壁《がんぺき》朝市も４カ月後に再開しました。震災直後から内陸で開いてきた閖上の朝市は２年２カ月後の13（平成25）年５月、閖上漁港に戻ってきました。

朝市は新鮮な魚介が集まり、威勢のいい掛け声や店主との軽妙なやり取りを楽しめます。しかし近年は品ぞろえで引けを取らない大規模スーパーに客が流れ、苦戦する朝市もあるようです。閖上の朝市のまとめ役である桜井広行さんは「生き残るためには、もっともがくことが必要。各地の市場や商店街からも学びたい」と話します。

閖上の朝市には魚介だけでなく野菜や果物、肉やパンなどのお店が並びます。富田友通さんの「鮮魚とみ田」は海側にあり、炉端焼きスペースの目の前です。閖上産の割合は震災前より減りましたが、富田さんは「地元の名産を忘れないために赤貝だけは閖上のものにこだわりたい」と力強く語ります。
◎ゆりあげ港朝市…宮城県名取市閖上5の23の20。午前6時～午後1時。開催は日曜、祝日。ゆりあげ港朝市協同組合
022-395-7211

GORO

甘辛炒め×闘将・星野さんの定宿

勝負師支えた元気の源

球界のスターに囲まれていたパーティーの主役はこちらに気付くと温かいまなざしを向けた。「わざわざ来てくれたんか。ありがとうな」

２０１７（平成29）年12月、大阪市であった星野仙一さんの「野球殿堂入りを祝う会」。ホテル竹園芦屋（兵庫県芦屋市）の３代目、福本吉宗さん（48）は気配りに感謝した。星野さんは日ごろ接する従業員の名も自ら調べ、招待してくれた。足元がふらついていたのが気になったが、最後の姿になるとは思わなかった。星野さんは約１カ月後に旅立った。

ホテルは１９５３（昭和28）年、精肉店を営む祖父が始めた。食事に出す肉が評判を呼び、甲子園球場も近い。遠征する巨人や中日の定宿になり、69（昭和44）年に中日入りした星野さんも来た。同じ年に福本さんが生まれる。病気で入退院を繰り返していると「大丈夫か」と声を掛けてくれた。

元気になった82（昭和57）年、星野さんは引退した。

5年後、中日の監督として球界に復帰する。従業員の縄田治正さん（73）が「星野係」になった。買い物や運転を一手に引き受けると「縄ちゃん」と呼ばれた。「同年代やのになんでそんなにハゲとんねん」「監督のようにクジャクみたいに前髪だけ白うするよりすっきりしますわ」。気さくに接してくれた。

ユニフォームを着ると「闘将」になった。試合に負けた日はホテルのゴミ箱を蹴り飛ばして「何しとんじゃ」とコーチを怒鳴り上げた。「やってもうた」と電話を受けて部屋に駆けつけると、テレビが台から転げ落ちていた。

「肉と野菜、炒めてくれや」。そう頼まれて生まれたのが星野さんだけの裏メニュー「甘辛炒め」だ。3代目自ら競り落とす但馬牛をふんだんに使う。シェフが韓国人選手に聞いて作った、ごまや唐辛子入りのたれが食欲をそそる。阪神の監督になり優勝目前でも「心配で毎晩寝られへん」と漏らした星野さんの元気の源になった。18年ぶりの優勝に導いて胴上げされる姿をテレビで見守り、喜び合った。

星野さんは社長を継いだ福本さんに言い聞かせた。「迷ったら前に進め」。その言葉を胸に事業拡大に挑戦した。軌道に乗ると「何とか頑張っとるやないか」と目尻を下げた。「厳しいのと甘いのと。両方で励ましてくれた」

もうひとつの我が家を目指そう。それがホテルの目標だった。亡くなってから、秘書に「どこよりも家のようにくつろいでいた」と聞かされた。少しは恩を返せたかもしれない。

あの笑顔にはもう会えないが、今年も選手たちを我が家のように迎えよう。星野さんの待ちわびた球春が来る。

平成は日本人スポーツ選手が次々と海外へ進出した時代でもありました。先駆者は1995（平成7）年に大リーグに挑戦した野茂英雄投手でした。

活躍とともに食も注目されました。サッカー日本代表チームの海外遠征には2004（平成16）年からシェフの西芳《よし》照《てる》さんが帯同しています。中東の大会で多くの選手が体調を崩す問題が起きたためです。高地でも戦った10（平成22）年の南アフリカワールドカップでは鉄分を補うレバーやウナギを多めに提供。14（平成26）年ブラジル大会では人気の高い納豆を現地調達して、選手の健康やモチベーションを保ちました。

野球の世界では大リーグで活躍する田中将大投手の妻でタレントの里田まいさんが、スポーツ選手に適した食事を学ぶ民間資格「アスリートフードマイスター」を取得。食から躍進を支えています。

但馬牛を使った甘辛炒めは星野仙一さんだけに提供した特別メニューでした。しかし星野さん亡き後、問い合わせが増えたことから、ホテルのカフェ&バーのメニューに国産の黒毛和牛を使ったあまから牛丼（1500円）を加えました。味付けは甘辛炒めと同じです。
◎CAFE&BAR Takezono…兵庫県芦屋市大原町10の1　ホテル竹園芦屋9階。カフェ／午前11時半～午後5時、バー／午後5時～11時半（ラストオーダー午後11時）。いずれの時間も注文可。0797-61-8488

GORO

ソフトクリーム×デパート大食堂

溶けない地元愛で復活

大きな窓からは雪に覆われた街並みを見渡せる。岩手県の内陸、花巻市にあるマルカンビル大食堂。暖かな店内では客が名物の10段巻きソフトクリームを味わっていた。

同じビルにあったマルカン百貨店は２０１６（平成28）年、43年の歴史を閉じた。だが6階の大食堂だけは翌年、復活した。従業員も帰ってきた。料理長の藤原豊さん（49）もその一人だ。

幼い頃、百貨店は花巻で最もにぎわう商店街の中心にあった。ランドセルを買った後。卒業式の帰り。「マルカンで食わしてやっから」と言われると胸が高鳴った。フォークやナイフは食堂で初めて使った。「何でもそろう百貨店にみんな憧れた。その上にある大食堂はハレの場だった」

盛岡の高校を卒業後、上京して料理人になる。結婚を機に花巻に戻ると、大食堂の求人が目に留まった。東京ではどの世代も一緒に楽しめる大食堂が次々と専門店に変わっていた。「まだ頑張ってるんだ」。大きな食堂でたくさんの喜ぶ顔を見たいと思った。

それから20年。郊外に大型店が増えて百貨店は寂れても食堂には活気があった。「ここは大丈夫」。そんな希望は閉店の通告にかき消された。

動いたのは若い世代だった。当時高校2年の大江郁弥《いくみ》さん（18）。子供会の帰りや吹奏楽部の祝勝会……いつもソフトクリームを注文した。１８０円の安さに甘さ控えめで食後にもいける。溶ける前に箸ですくって食べるのが定番だった。「みんなで集まれる場所はここだけ。なくなったら花巻やばくない？」。同級生と存続を求める署名活動を始めた。

「大人の邪魔するな」と罵声も浴びた。でも見知らぬ年配の人が自作の看板やカイロを差し入れてくれた。４歳の男の子は母に教えられて初めて自分の名前を書いた。人口10万人を切る街で1万近い署名が集まる。「すごいじゃん、地元愛」。仲間と顔を見合わせた。

空き不動産を再生する会社を営む小友康広さん（35）が復活計画を練った。大江さんからは署名の束を託される。寄付を募ると、署名活動の盛り上がりに後押しされるように２０００万円を超えた。「雰囲気を残したい」と従業員の復帰にもこだわった。他店の誘いもあった藤原さんは「若い人にも思い出の場所なのか」と意気に感じた。

18年2月、食堂は復活から1年を迎えた。にぎわいは閉店前に戻った。「やっぱり口に合うな」。かつて幼い藤原さんを連れてきてくれた70歳過ぎの母も再び通い始めた。

大江さんは昨春、京都の大学に進学した。同級生に約束している。「すごい食堂があるんだ。春が来たら案内するよ」

和食や洋食、中華からお子さまランチまで何でもそろうデパートの大食堂は、家族みんながおめかしして訪れる晴れがましい場でした。国民的漫画「サザエさん」では、サザエさんとマスオさんがデパートの大食堂でお見合いする様子が描かれています。

そんな大食堂も昭和の後半ごろから姿を消し始めます。１９７２（昭和47）年3月の毎日新聞は、松屋銀座（東京）の大食堂がなくなり、専門店街に変わることを伝え、担当者の話として「安さが売りの大食堂より高級なレストランのイメージが必要になった」と記しています。平均的な味より、専門店の本格的な料理が支持されるようになったとも言えるでしょう。２００２（平成14）年には、日本最大のマンモス食堂と呼ばれた阪急百貨店梅田本店（大阪）の大食堂も、73年の歴史に幕を下ろしました。

マルカンビル大食堂はJR花巻駅から歩いて15分。百貨店らしい外観が今も残ります。ソフトクリームを18歳から担当し、夏場は1日に1000個作ることもあるという藤川優樹さん（30）は「同じリズムで巻くのがコツ」。メニューは約120種類に及び、人気のマルカンラーメンは630円、ナポリカツは780円です。
◎マルカンビル大食堂…岩手県花巻市上町6の2　マルカンビル6F。午前11時～午後6時半（ラストオーダー午後6時）。水曜定休。0198-29-5588

GORO

なみえ焼そば×福島第一原発

懐かしの太麺
復興の力

作業現場が早朝から動き出す東京電力福島第一原発は昼休みを迎えるのも早い。午前11時過ぎにはひと仕事終えた作業員が大型休憩所の食堂にやってくる。

「定食にすっぺ」「カツカレーやろ」。汚染水処理や使用済み核燃料の取り出しに向けたがれき撤去などに携わるのは約５０００人。半分は県外から来ており、ホールでは全国各地の方言が飛び交う。

食堂は２０１５（平成27）年6月にできた。メニューはどれも３８０円だ。原発事故の影響で飲料用の水道が使えず調理できないため、車で9キロの道を1日5往復して給食センターで作った食事を運び込む。開業前は弁当でしのいでいた作業員に温かいものを食べてもらえるようになった。

除染が進み、敷地の95パーセントは普通の作業着で働ける。だが、爆発があった原子炉建屋周辺では全面マスクにタイベックスーツ（防護服）を身に着け、手袋と靴下は二重、三重にしなければならない。福島県出身の20代男性は高校生の時に原発事故があり、一度は県外で就職したものの、「復興に貢献したい」と3年前に戻った。仕事前にメニューを確認し、何を食べようか考えを巡らせながら巨大なタンクが並ぶ汚染水処理の現場に向かう。

作業中は水すら飲めない。それだけに装備を解いて食堂に来るとほっとする。今日は定食にした。ご飯はいつもと同じ大盛りにしてもらった。

昨年（平成29年）12月、１００万食達成を祝い福島県浪江《なみえ》町のご当地グルメ、なみえ焼そばが登場した。「これ、この味だよ」。地元の作業員が太麺にマヨネーズを絡めて頬張った。

マネジャーの永井傑《すぐる》さん（45）は地元にあるうどん店の雇われ店長だった。原発事故で店も自宅も避難指示区域に入り、東京、愛媛、新潟、福島県郡山市と移り住んだ。

また食事を提供する仕事に就きたい。そんな思いを抱えていたころ、新聞の折り込みチラシにあったマネジャー募集が目にとまった。原発事故から逃げてきたのに、なぜわざわざ原発に行くのか。周りから反対もされたが、慣れ親しんだ景色を見たかった。

毎朝、送迎バスで原発に通う。店長をしていたうどん店の看板が目に入る。自分の店を持つのが夢だったなあ。

なみえ焼そばは地元の調理員に試作品を作ってもらって味にこだわった。まかない飯で自分も食べた。祭りの露店でよく食べた味だ。懐かしさが口いっぱいに広がる。

午後2時過ぎ、用意した食事は完売した。永井さんは現場に戻る作業員を最後の一人まで見送った。

「ありがとうございました。ご安全に」

地域で愛される安くてうまくてボリュームのあるご当地グルメブームが、平成に巻き起こりました。ご当地グルメの祭典「Ｂ－１グランプリ」は２００６（平成18）年２月に青森県八戸市で初めて開かれ、参加した10団体が同７月に「ご当地グルメでまちおこし団体連絡協議会」を設立しました。協議会はイベントなどを通じて地域の名物料理を全国に発信し、まちづくりに貢献しています。

Ｂ－１グランプリは来場者の投票で順位を決め、グランプリには富士宮やきそば（静岡県富士宮市）、甲府鳥もつ煮（甲府市）などの団体が選ばれています。なみえ焼そばは13（平成25）年にグランプリに輝きました。

現在、協議会には全国の60団体以上が加盟し、祭典の来場者は60万人を超えたこともあり人気を博しています。

原発事故前は「なみえ焼そば」を提供する食堂などは福島県浪江町に約20店ありましたが、2019（平成31）年1月現在は同町役場敷地内の仮設商店街にある「浪江焼麺太国（やきそばたいこく）アンテナショップ」だけです。並600円、大700円。焼麺太国のホームページから歴史や通販の情報を知ることができます。

◎浪江焼麺太国アンテナショップ…午前11時～午後3時。材料がなくなり次第終了。定休日は土曜、日曜、祝日。0240-34-7260

GORO

豚丼×天皇の料理番

皇居で学んだ「引き算」

背の高いコック帽をかぶりフライパンを手にした男性に参加者の視線が注がれていた。福島県のホテルで開かれたイベント。男性は宮内庁大膳課主厨長《しゅちゅうちょう》として「天皇の料理番」を務めた高橋恒雄さん（75）だ。作り始めたのは、国賓をもてなす宮中晩さん会で腕を振るい、手間ひまをかけた料理ではない。

同じ分量のみりんとしょうゆ、砂糖を煮詰めるだけで完成したのは万能だれ。煮物、焼き物、炒め物、何にでも使えて常温で1年保存できる。地元産の豚肉を焼いて万能だれにからめ、盛ったご飯に乗せれば豚丼のできあがりだ。参加者から「こんなに簡単なの!?」と声が上がった。

素材を生かしきるコツを伝えることも。「大根を食べきれず駄目にしたことはありませんか。新鮮なうちに干せば保存が利き、甘みも増します」

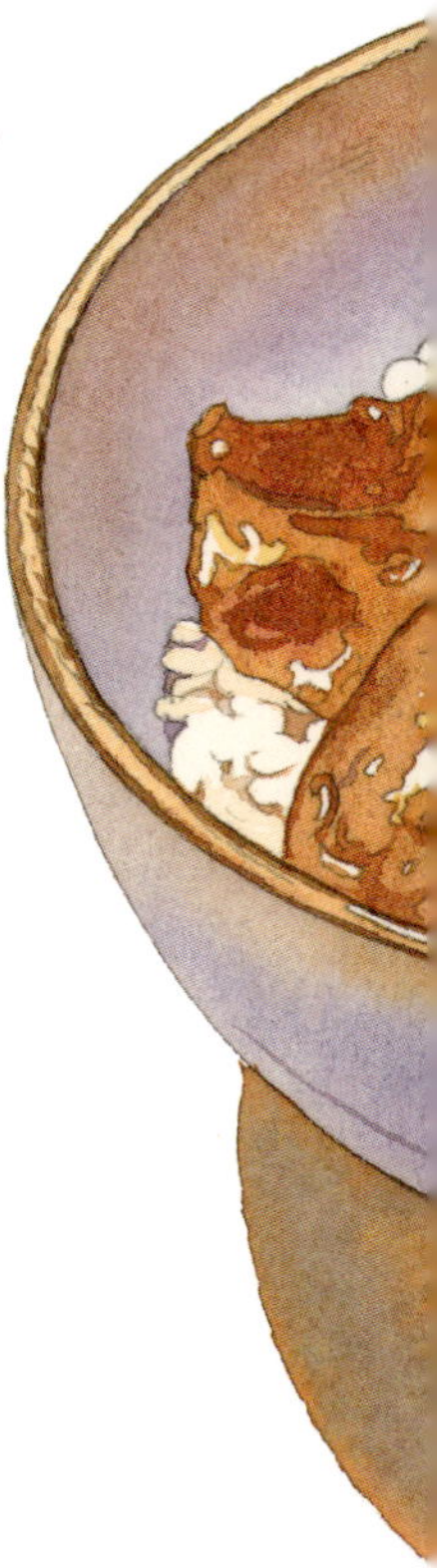

群馬県出身。栄養士の学校を出た後、天皇の料理番として小説のモデルにもなった秋山《あきやま》徳蔵《とくぞう》氏に声をかけられ宮内庁に。50代半ばで総料理長にあたる主厨長になり、定年後も嘱託で3年勤めた。

東京の真ん中にありながら皇居は自然豊かだ。散策で野草を見つけられた天皇、皇后両陛下から連絡が届くとフキノトウを天ぷらに、ツクシをつくだ煮にした。「食材は無駄を出さないでくださいね」。皇后さまから伝えられた言葉を今でも大切に守っている。

両陛下は被災地に何度も足を運んで被災者に寄り添ってこられた。「お姿から学ばせていただいたことはたくさんあります」。宮内庁を離れた高橋さんはボランティアとして東北の被災地を飛び回り、料理教室を開いたり、地元食材を生かしたレシピを考えたりしている。

宮中晩さん会で提供したのはできるだけ手をかけて食材にもこだわる「足し算」の料理だった。一方、日常の料理で究極のおいしさを求めると、素材そのものの持ち味を生かす「引き算」になる。家庭料理の調味料は最小限、調理法もシンプルでいい――。料理番の仕事を通じてたどり着いた考え方だ。

幼稚園で子どもたちとニンジンピラフを作った時のこと。バターで炒めたニンジンを米に加え、炊きあがったら軽く塩を振ってよくまぜるだけ。「野菜嫌いだからきっと食べない」という母親たちの予想を裏切り、子どもたちは「宝石ご飯だ」と平らげた。

素材のことを思い、食べる人のことを思う。そんな料理の原点を学んだ皇居では、春を告げるツクシが背を伸ばしているだろう。

天皇陛下が象徴としての務めについて「全身全霊をもって務めを果たしていくことが難しくなる」と退位の意向がにじむお気持ちを公表されたのは２０１６（平成28）年8月のことでした。それから10カ月後に退位を実現する特例法が成立しました。

「天皇としての旅を終えようとしている今、私はこれまで、象徴としての私の立場を受け入れ、私を支え続けてくれた多くの国民に衷心より感謝する」。85歳の誕生日を迎える18（平成30）年12月、陛下にとって最後の記者会見では時に声を震わせながらそう思いを語りました。

大正から昭和期に皇室の料理を担当した秋山徳蔵さんをモデルにした小説「天皇の料理番」は平成でもテレビドラマ化されました。昭和では堺正章さん、平成では佐藤健さんらが主演を務めて話題になりました。

記事に登場した万能だれの作り方は、高橋恒雄さんの著書「宮内庁の総料理長のおいしいレシピ」（主婦の友社）に掲載されています。豚丼をはじめ、ニンジンのポタージュスープやカスタードプリンなど、誰でも家庭で簡単においしく作れる料理ばかりです。
ボランティアで訪れた被災地で出会った「仙台麩」のレシピ開発にも携わり、ホームページで紹介されています。
◎たかはし塾 仙台麩魔法のレシピ
http://tjukurecipe.da-te.jp/

GORO

串カツ×ホスピス

病床で味わう幸せな記憶

大阪市にある淀川キリスト教病院のホスピス病棟では、毎週土曜に特別な夕食がつくられる。入院する末期がんの人たちからの「リクエスト食」。栄養士らが一人一人から忘れられない味や料理を前日に聞き、ベッドに届ける。

2018(平成30)年3月半ばの夜、野山晴生《はるお》さん(66)が待っていたのは串カツ定食だ。「梅田、ミナミ、天満、付き合いでよう飲みに行ったり食べたりしました。串カツはどの店に行ってもだいたいはずれがないね」。ホタテにエビ、イカ、豚、タマネギ……。別添えの器で出されたソースにどぼんっと串を漬けてかぶりついた。

大阪で生まれ、高卒でデザインの学校に通った後、さまざまな商売をした。30代で空調設備の会社を起こす。「大学出た人に対抗できるいうたら体力や技術しかないでしょ。上行こうと思ったらあき

らめんことやね」

支えてくれた従業員は7人いた。「ただ一緒にやる仲間がおって、楽しくて、みんな飯食えて、お金もそこそこ儲けて。それが一番。誰が今月なんぼ儲けたとかそんなん関係なし。みんなでね、分かち合ういうたらおかしいけど、それの方が同じお酒飲んでもおいしいやない」

55歳の時、前立腺がんと分かる。通院しながら仕事を続けたが病気は待ってくれない。「会社を大きくするとか、夢はそのとき全部捨てました」。約30年続けた会社をたたんで仲間と別れた。


病気でできないことが増えていっても自分らしく過ごしてほしい。そんな思いで病院はリクエスト食を始めた。スタッフは料理の希望を聞き取る時間を大切にしている。夫とのデートで食べたエビフライ、手作りして子どもたちに食べさせた郷土のちらしずし……。大切な人たちとの思い出、その人が過ごしてきたかけがえのない時間に触れることができる。

野山さんは昨年（平成29年）末に倒れて病院に運ばれた。三日三晩、意識がない状態から持ち直してホスピスに入った。「なんぼ分かっとっても逝くのはやっぱり不安やないですか」。自分と向き合う中で土曜の夕食は一番の楽しみになった。

「いまは覚悟を決めてるいうたらおかしいけど、いつ逝ってもええよ、そういう気持ちです。ええ格好で言うてるんやないです」

「ソースは二度漬けせんかった?」。看護師からそう声をかけられ、笑った。いろんなものを食べてきたけれど、やっぱり串カツはうまい。「余計元気が出て、ええんですか。私そればっか心配してんねん」

緩和ケアは病気に伴う心と体の痛みを和らげる取り組みです。高齢化やがん患者の増加とともに社会に広がりました。

病室で串カツを食べた野山晴生さんを取材したのは2018（平成30）年3月でした。その後も桜もちやおはぎを食べながらお花見をしたり、大好物だった姉・宋榮子さん（69）のお好み焼きを食べたりしたそうです。最後の「リクエスト食」になったうな丼もぺろっと平らげ、同年7月に他界しました。

宋さんは「好きな物が食べられるって、人間にとって死ぬまで大事なんですね。いろんな話をしましたが本人も自分の人生に納得して、最期は気持ちよく眠るようでした」と語ります。野山さんのひつぎには、家族の写真とともに楽しみにしていたリクエスト食の写真を入れて、旅立ちを見送ったそうです。

淀川キリスト教病院（大阪市東淀川区）は1984（昭和59）年、日本で2番目に病棟を開設したホスピスの草分け的存在です。入院できるのは余命が2、3カ月以内と診断された人たち。その人らしい生を全うできるように医療スタッフや栄養士、チャプレン（聖職者）、ボランティアらが支えます。本人に食べたい物を尋ねる食事は開設2年後に始まり、2012（平成24）年から現在の形でリクエスト食を提供しています。

鯖煮×「孤独のグルメ」

名脇役生んだ京の味

「本番いきます！」。撮影スタッフの声が響くと、小さな定食屋の空気が引き締まった。人気テレビドラマ「孤独のグルメ」のロケ。集まった視線の先にいるのは主人公を演じる松重豊《まつしげゆたか》さん（55）だ。煮魚でご飯をほおばり、至福の表情を浮かべた。

ドラマは2012（平成24）年に始まった。主人公の井之頭五郎《いのがしらごろう》が仕事の合間に一人で訪れた店で空腹を満たす物語。食事中の会話はほとんどなく、表情や仕草で感激を伝える。ライブ感を大切にするため、松重さんが行ったことのある店は使わない。本番一本勝負で撮影に臨む。

ドラマの原点とも言える、人生を変えた一品がある。

劇団で役者の基礎を磨いた松重さんは30代半ばで大河ドラマ「毛利元就」に出演してテレビに軸足を移すものの、大きな役は回ってこない。出演作に印象を残そうと前のめりになる。それが芝居から透けて見えてしまうようで、さらに焦る悪循環に陥った。「こんな役者人生でいいのか」もがいていたころ、撮影で京都に長くいた。交通費もなく、町を歩くと「鯖煮《さば》」と書かれた店が目に留まった。知らない店ののれんをくぐる勇気が出なかったが、ある日、意を決して飛び込んだ。

カウンター5席の店「一嬉《かずき》」。当時のメニューは鯖煮定食と日替わりだけ。開業から継ぎ足し続けるだしで3日煮込んだ鯖煮は味がよく染みて、ご飯が進む。撮影後も足を向け、夜はビールをつけた。やがて店を切り盛りする大野ゆみ子さん（69）を「お母ちゃん」と呼ぶようになる。共演者と飲むほどの金はないが、ここに来ればうまい飯があり、たわいのない話ができる。「気にせんでもええのんちがう」。落ち込むと、はんなりした京都弁で励まされた。こだわりを捨て「空っぽになろう」と思えるようになった。

焦りが消えると作品に恵まれ、今や名脇役と呼ばれる。初の主演作になった「孤独のグルメ」でも役作りは意識せず「空《くう》」の姿勢で挑む。

思い起こせば、一嬉にも一人黙々と鯖煮を食べる「孤独な客」がいた。作り手の心を感じる一品と向き合うとき、孤独は幸せに変わる。

お母ちゃんは11年前に店を移転して長男に引き継いだ。今は接客には立たないものの、鯖煮の味を守り続ける。松重さんの出演作はいつも見ている。「決まった色に染まらず、どんな役でも筋の入った役者になられた。自力で這いあがったんでしょう」

「ＯＫ！」。カットがかかった。沈黙の演技をした松重さんから思わず言葉が出た。「うまいね。これ、うまいね」

平成の初めごろにはイタ飯ブームがあり、バブル崩壊後は激安グルメや食べ放題が人気を呼びました。こうしたブームの火付け役は雑誌やテレビなどのマスメディアでしたが、平成の終わりごろには情報収集の主流がＳＮＳ（ソーシャル・ネットワーキング・サービス）に変わりました。消費者の好みも多様化してトレンドの傾向をとらえることが難しくなっています。

「孤独のグルメ」は久住昌之さん原作、故谷口ジローさん作画の連載漫画でした。テレビ東京系で２０１２（平成24）年からドラマ化され、レギュラーは7シリーズ制作されています。深夜帯にもかかわらず５・１％の最高視聴率を記録しました。ホットペッパーグルメ外食総研は「晩婚化などで『個食化』が進む中でドラマが始まり、ヒットにつながったのではないか」と分析しています。

一嬉はカウンター7席と2テーブル（各4席）。俳優、松重豊さんの人生を変えた一品である鯖煮も味わえます。夜は「両川（りょうせん）」という店になり、煮込みや鯖煮、刺し身など日本酒によく合う料理を楽しめます。
◎一嬉…京都市中京区押小路通室町西入ル蛸薬師町293。地下鉄烏丸線烏丸御池駅徒歩3分。午前11時半～午後2時。両川は午後6時～11時（ラストオーダーは各閉店の30分前）。日曜と第1・3月曜が定休（日曜、祝日が連続の場合は月曜のみ休み）。075-222-1441

GORO

パンダダンゴ×上野動物園

「おいしくなれ」改良重ね

東京・上野動物園の人気者がむんずと黄色いダンゴをつかんだ。木の上のお気に入りの場所に座り、興味津々に眺めてほんの少しかむと、見守っていたスタッフから笑みがこぼれた。2017（平成29）年6月に誕生したジャイアントパンダのシャンシャン。手にしていたのは「パンダダンゴ」だ。トウモロコシや大豆、米の粉に卵などを混ぜ、耳たぶほどの軟らかさになるまで練る。体重に応じて量を変え、三角や丸形に固めて45分ほど蒸せばできあがり。少し硬めの蒸しパンのような食感だ。

カンカン、ランランが上野に来た1972（昭和47）年、日本のパンダの歴史が始まった。北京動物園からの引き継ぎにあったのが栄養補助食のレシピ。飼育員の間でパンダダンゴと呼ばれるようになった。動物園の餌は野菜や肉を加工せずに出すことが多く、調理するダンゴは特別なものだ。並べた餌の中から真っ先に選ぶ好物で、体調確認の採血で前脚を差し出させる時にあげる「ご褒美」にもなる。

２０１１（平成23）年にパンダ班でリーリーとシンシンを迎えた飼育員の藤岡紘《こう》さん（37）はレシピ改良に挑んだ一人だ。リンリンが死んで上野でパンダが復活するのは3年ぶり。プレッシャーの中、中国に渡り、電子辞書を手に現地スタッフを質問攻めにした。「ダンゴに竹の粉が入っています」。新たな発見があれば、園にメールで伝えて研究を重ねた。帰国後は「おいしくなれ、おいしくなれ」と心の中で唱えながら、毎日こしらえた。


藤岡さんはかつて機械工学の分野を目指したものの、進むべき道か分からなくなり、海外へ飛び出した。出会ったのは野生動物と共に生きる人たち。狩猟をしながら絶滅させないルールを決めていた。動物と人間の関係を模索したい。そう思い、動物を守ることもできる飼育員になった。

悔しい思いもした。12（平成24）年7月、リーリーとシンシンに初子が生まれた。園に泊まり込みで仲間と見守り続けたが、肺炎を起こして7日しか生きられなかった。それだけにシャンシャンの成長がうれしい。サイやペンギンを担当する現在も、時折、ネット中継で元気な姿を眺めている。

生後10カ月のシャンシャンのエネルギー源はまだ母乳だけ。母をまねてダンゴをかむ仕草はするものの、消化は確認されていない。体重は24キロを超え、歯も生えそろった。飼育員の手作りの味を知る日も近い。

生き物が命を守って一日を重ねていくことは奇跡とも言える。藤岡さんはその日の仕事を終えて職場を離れる時、ひとつひとつの命に声をかける。「また、あしたね」

上野動物園では1986（昭和61）年にトントンが、88（昭和63）年にユウユウが誕生しました。同園で初めて生まれた子どもの成長と共に平成の始まりにも「パンダブーム」が起きました。

パンダダンゴの原材料の米粉には兵庫県の「コウノトリ育むお米」が使われています。コウノトリの餌となるカエルやドジョウが育つ環境づくりのために減農薬で栽培される米で、同園が応援の気持ちも込めて購入しているそうです。

シャンシャンが最も好きな餌を園に聞いたところ「リンゴだと思われます」との話がありました。当初、あまり口を付けなかったミルクにすり下ろしたリンゴを加えると喜んで飲んだそうです。パンダダンゴは2019（平成31）年1月現在でまだ与えていないそうですが、2歳になるころには食べるようになるかもしれません。

上野動物園では人間もパンダダンゴを食べることができます。東園「バードソング」と西園「カフェカメレオン」で提供しています。とは言っても、本物は人間にはおいしくないため、上新粉と上白糖を足すなどして、食感と甘さを整えています。3個入りで450円。本物のパンダダンゴのレシピカード付きなので、自分で作れるかもしれません。

◎上野動物園…東京都台東区上野公園9の83。開園時間は午前9時半～午後5時（入園料が必要）。パンダダンゴ提供の2店は午後4時半まで。原則、月曜、年末年始休園。

GORO

ポーク卵×5・15沖縄

しなやかなウチナーの味

三線《さんしん》と沖縄民謡のＢＧＭが流れる雑居ビルの店内で、常連客が泡盛を酌み交わしていた。東京都品川区。東京湾に近い京急立会川《たちあいがわ》駅そばに沖縄料理屋「うみないび」はある。沖縄から出張で来た経営コンサルタント、上地哲《うえちさとし》さん（64）ができたてのポーク卵に箸を伸ばし、仕事相手の東京の男性に勧めた。「これがウチナー（沖縄）のソウルフード。もうすぐ5・15ですから」

「5・15って？」「沖縄がアメリカから日本になった日ですよ」。ほろ酔いの上地さんが話し始めた。

沖縄県読谷村《よみたんそん》出身。戦後の米軍統治下に生まれ育った。近所の雑貨店の棚にはピカピカの缶詰が並んでいた。米軍の野戦食、ポークランチョンミート缶だ。畑で作ったゴーヤと物々交換して持ち帰り、卵と一緒にフライパンで焼くポーク卵を作ってもらうのが楽しみだった。

戦後、叔母が米兵と結婚した。沖縄戦で夫を亡くした祖母は会おうともしなかったが、米兵は祖母のもとに何度も通って結婚の許しを請うた。戦後も米軍による事件や事故は絶えず、村内では少女がパラシュート訓練で投下されたトレーラーの下敷きになり命を落とした。それでも、祖母は孫が生まれると「マイクさん」と米兵の名前を呼ぶようになった。みんな葛藤しながら、基地と暮らしてきた。

上地さんが高校3年の1972（昭和47）年5月15日、沖縄は本土復帰した。だが、目の前の米軍基地はなくならない。疑問が募り、自分の目で本土を見ようと東京の大学に進んだ。

待っていたのは想像以上の無関心と偏見だった。アパートを借りる際に出身地を告げると、入居を断られた。基地負担の現状を知らないだけでなく、「沖縄の人は暴力的」と誤解されていた。

上地さんは島の出身者で作る会で沖縄の伝統芸能のエイサーを始め、東京の友人を招いた。愚直に許しを請うた米兵の叔父や、叔父を受け入れた祖母の姿を思い出し、素顔の沖縄を伝えた。卒業後は東京で物産店の店長などを務め、約20年前に帰島した。

「うみないび」の店主、仲間トヨ子さん（76）は都内で料理屋を始めて29年になる。ポーク卵は涼しい東京に合わせて油控えめのさっぱりした味にする。「何でも受け入れ、そしゃくして自分のものにする」。上地さんはしなやかさの中に沖縄らしさを見る。

店のカレンダーには5月15日に「本土復帰記念の日」と記されていた。上地さんは仕事相手の男性の肩をたたき、笑った。「小難しい話はいいから沖縄に遊びにきてください。次は沖縄で会いましょう」

平成時代は歌手の安室奈美恵さんが活躍したり、NHK朝の連続ドラマ「ちゅらさん」が人気を呼んだりするなど沖縄ブームが起きました。ゴーヤチャンプルーをはじめとする沖縄の味も全国区になり、たくさんの観光客を引き寄せています。

沖縄料理といえば豚肉。「沖縄では豚は鳴き声以外はすべて食べる」と言われるほどです。戦前から養豚が盛んでしたが、激しい地上戦となった太平洋戦争末期の沖縄戦で10万頭いた豚が約7700頭に激減。「島に人影なく、フール（沖縄の言葉で豚小屋）に豚なし」と言われました。戦後の食糧難の時代、米軍のポークランチョンミート缶は貴重な栄養源になりました。

近年、ポーク缶は沖縄土産として人気を集めています。何でも混ぜて自分のものにする「チャンプルー文化」は時代を超えて人々を魅了しています。

店名の「うみないび」は沖縄の言葉で「王女」の意味。お客さんが名付けたそうで、店内には鮮やかな伝統衣装を身にまとった琉球王朝の王女の絵が飾られています。
ポーク卵は810円。ボリュームたっぷりのゴーヤチャンプルー（1404円）やタコライス（864円）も人気です。
◎うみないび…東京都品川区東大井2の24の11　織戸ビル地下1階。午後4時～午後11時半、日曜は午後10時半まで（ラストオーダーは各閉店の30分前）。月曜定休。03-3761-6001

GORO

おしるこ×Ｋ－1リング

あきらめない夫婦前へ

夢のリングにたどり着いた。２０１８（平成30）年3月21日、さいたまスーパーアリーナで開かれたＫ－１スーパー・フェザー級王座を決めるトーナメント。郷州《ごうしゅう》征宜《まさのぶ》選手（32）は満員札止めの１万５０００人の熱気を肌で感じ、心が奮い立った。

生まれつきの難聴で声援は聞こえない。セコンドの声や残り10秒を知らせる音も。相手に攻撃が効いたかを音で確かめることができず、前に前に出るスタイルになった。

19歳の時、趣味でキックボクシングを始めた。アマチュアで頭角を現し11（平成23）年にプロデビュー。不動産会社で働く傍ら練習を重ね、昨年、Ｋ－１傘下のタイトルの一つＫｒｕｓｈの60キロ級王者になった。「耳の聞こえないチャンピオン」と呼ばれる。

Ｋ－１王座を決める舞台の初戦はドイツ人選手。いつものように果敢にパンチと膝蹴りを繰り出した。リング近くの席から妻の擁《まもみ》さん（34）が見つめた。

郷州さんとは12年前、耳が聞こえない人が集うイベントで出会った。アマチュア大会のトロフィーを突然持ち帰った時は驚いた。Ｋ－１で戦うために前の会社を辞めた時も応援しようと決めた。体が資本だから、料理を勉強した。試合に送り出す前はおしるこを作る。餅はエネルギー源になり、腹持ちも良い。過酷な減量で落ちた体力を復活させる定番メニューになった。言葉にしないが、危険を伴う試合の前は心配にもなる。「粘り強く戦って」という気持ちを込めておわんを渡す。

郷州さんはかつていろんなことをあきらめてきた。迷惑な顔をされることを恐れて会話が分からなくても聞き返さなかったり、外食を避けたり。東海大甲府で甲子園まで行った野球も声の掛け合いが少ない外野手を自ら選んだ。

「できないと思っているだろ」。ある時、勤め先の社長に言われた。変わろうと決意した。「できない理由ではなく、できる方法を考えよう」

試合にはろう学校の生徒たちを招いている。やりたいことをあきらめないでほしい。そう伝えたい。

積極的に攻めた初戦は判定勝ち。続く準決勝でも優勝した武尊《たける》選手に、タフに食らいついた。ダウンを奪われ立ち上がろうとしたがレフェリーが試合を止め、敗れた。

前向きに生きるため、擁さんと決めていることがある。眠りにつく前、その日にあった良いことを三つずつ、手話と口話で伝えあう。

Ｋｒｕｓｈで王者になった時はリングで擁さんをお姫様のように抱き上げた。目標はＫ－１チャンピオン。あの時の景色をまた見せたい。

K－1は1990年代後半から2000年代前半にかけて大きなブームを呼びました。2003（平成15）年の大みそかに放送された「K－1 Dynamite!」（TBS系）は元横綱の曙とボブ・サップ戦で瞬間最高視聴率43％（関東地区、ビデオリサーチ調べ）を記録し、瞬間視聴率で紅白歌合戦を初めて抜きました。かつて格闘技といえばプロレスでしたが、アンディ・フグ、ピーター・アーツといったスターが登場し、ファンが広がりました。K－1は活動休止後、14（平成26）年に新たな組織で再スタートしています。

格闘技以外でも郷州征宜さんのように難聴のスポーツ選手が躍動しました。野球では先天性難聴の石井《いしい》裕也《ゆうや》投手が04（平成16）年のドラフトで中日に入団。3チームで計14年にわたって活躍し、「サイレントK」と呼ばれました。

Krushの防衛戦となった2018（平成30）年6月、郷州征宜さんは惜しくも判定負けとなりタイトルを失いました。続く9月のK-1の試合も判定負け。しかし、12月の試合では延長の末に判定勝ちしました。
試合情報はK-1 JAPAN GROUP公式サイトで確認できるほか、郷州さんのツイッター（@yasataama）ではトレーニングの様子などリングの外の表情を垣間見ることもできます。

GORO

平壌冷麺×神戸・長田

4代つなぐ祖国の味

韓国と北朝鮮の南北首脳会談が行われた2018（平成30）年4月27日。神戸市灘区の張守基《チャンスギ》さん（36）はこの歴史的瞬間を見逃すまいとスマートフォンの実況中継に目を凝らしながら電車で職場に向かっていた。

冒頭、北朝鮮側からこんな一言が飛び出す。「平壌《ピョンヤン》から苦労して冷麺を持ってきました」。思わず笑みがこぼれた。自身は同市長田区の「元祖平壌冷麺屋　本店」4代目。1939（昭和14）年に曽祖父母が日本初の専門店を開き、朝鮮半島が一つだったころから伝わる味を一家で守り継いできた。

曽祖父は幼いころ、平壌の冷麺屋で小僧をしていた。半島が日本統治下の1929（昭和4）年、長田に渡り、地場産業のケミカルシューズ製造に従事。曽祖母は労働者の宿舎を営み、半島出身者が集った。「ほんまの味」を知る人らに頼まれ、曽祖父が麺を打ち、曽祖母がスープを作って店が始まった。

麺は伸びないよう、注文を受けてから打つ。そば粉やデンプンに熱湯を注いでこね、穴の開いた筒からところてんのように押し出してゆでる。透き通ったスープは、大根や白菜を塩で漬けた「水《ムル》キムチ」の汁と、肉のだしを合わせたもの。薄切り肉やゆで卵、水キムチを載せて完成だ。

店は時代の荒波を何度も乗り越えてきた。1950（昭和25）年に始まった朝鮮戦争で半島は分断され、平壌の親族と音信が途絶えた。95（平成7）年の阪神・淡路大震災では一帯がドミノ倒しとなり、店を失った。避難所で冷麺をゆでて配り、9年後に再建した。

日朝関係は手の届かないところにあり、やるせない思いを抱えてきた。けれど、この南北会談で空気が変わったと感じた。韓国の平壌冷麺店に行列ができ、長田でも同じことが起きた。「僕が生きているうちに、こんなに南北が近づくなんて」。6月12日には世界が注目する米朝首脳会談もあり、祈るような気持ちで日々のニュースを見守る。

近くで靴店を営む中村洋人さん（87）は50年前からの常連だ。シューズ工場で汗水垂らして働いていたころ、洗面器のような特大サイズの冷麺を食べた。「国は国、人は人。それに冷麺はうまいしな」

張さんの祖母、金栄善《キムヨンソン》さん（88）の靴を見立てたこともある。5男1女を育て上げ、今も現役の働き者。膝が痛くならないように中敷きの調整にこだわった。今も毎日店に立つ姿を尊敬している。

一族は各地で同じ看板を掲げ、守り続けた祖国の味を伝える。金さんは感謝する。「日本に来ても冷麺のおかげで家族が一つでいられた」。本店では今日も金さんが客を迎え、4代目が麺を打つ。店の歩みは80年目を迎えた。

平成の時代を通じ、日本と朝鮮半島との関係は揺れ動きました。１９９１（平成３）年から日朝間で拉致問題がクローズアップされ、２００２（平成14）年に小泉純一郎首相が金正日総書記と初の日朝会談を開催。５人の拉致被害者が帰国しますが、その後は難しい局面が続きます。

一方で「韓流ブーム」もありました。03（平成15）年に放映が始まったドラマ「冬のソナタ」をきっかけに各地のコリアタウンがにぎわうようになります。サムゲタンやチーズタッカルビといった韓国グルメも人気を呼びました。

18（平成30）年には平昌五輪から南北の融和ムードが広がり、首脳会談が実現します。平壌冷麺は晩餐会に登場。結婚式や還暦の席で出される縁起物でもあり、両国のお祝いムードを演出した一品として注目を集めました。

元祖平壌冷麺屋本店は新長田駅から徒歩3分ほど。冷麺大（800円）のほか、辛みのあるタレであえたピビン麺大（850円）、焼肉丼（650円）も人気です。長田区はケミカルシューズ発祥の地でもあり、近くの「シューズプラザ」では昔ながらの靴職人が中敷きの調整やオーダーメードの注文などを受けてくれます。

◎元祖平壌冷麺屋本店…兵庫県神戸市長田区細田町6の1の14。午前11時半～午後8時（ラストオーダー午後7時半）。火曜定休。

GORO

卵焼き弁当×山谷・まりや食堂

160円がつなぐ命

簡易宿泊所が並ぶ東京・山谷《さんや》に小さな弁当屋がある。名前は「まりや食堂」という。開店前の夕方、教会の1階にある店に白髪交じりの男たちの行列ができる。「いらっしゃい」。牧師で食堂代表の菊地譲さん（77）がステンドグラスの扉を開けた。

いつも列の先頭にいる男性（68）は7年前からの常連だ。父の顔と名前を知らない。地方を転々としながら働き、山谷にたどり着いた。今は離れたまちで暮らすが「顔を見るとやすらぐ」と、電車とバスを乗り継ぎ弁当を買いに来る。

菊地さんは東京五輪で日本が沸いた1964（昭和39）年ごろ、山谷で暮らす子どもたちに勉強を教え、簡易宿泊所の厳しい生活ぶりを知った。会社員を辞めて青山学院大学大学院で神学を学んだ。「働く人たちと苦しみをともにしよう」。日雇い労働を10年続けた。

80年代後半のバブル時代、日雇い労働者が集まる「寄せ場」の山谷には活気があふれた。菊地さんは1985（昭和60）年に伝道所を開いたが、満たされなさからかアルコール依存症に陥る労働者を何人も目にする。「言葉の伝道よりもまずは食べることだ」と1988（昭和63）年にまりや食堂を始めた。売り出した生卵定食は当時のカップ酒と同じ220円。「1杯の酒を断って食事をしてほしかった」

バブルが崩壊すると冷え込んだまちに路上生活者が増えていく。食堂を弁当屋にした後、健康を保てるように野菜類を付け合わせた卵焼き弁当を売り出した。160円前後にすると定番商品になった。

2018（平成30）年3月、卵焼き弁当を買いに来た男性が菊地さんに「殺されるよ」とつぶやいた。「うん?」「高齢者の仕事が切れたんだ」。路上生活をしているようで前日は無料で配る乾パンを取りに来ていた。もう年できつい仕事はできない。高齢者向けの軽作業は少なくなかなか回ってこない。それでも生活保護は受けたくない……。そんな男性に店の掃除を頼んで弁当を渡そうと思っていたが、姿を見せなくなった。

山谷を食で支えて30年。2回目の東京五輪が近づき、山谷の空にはスカイツリーがそびえる。その足元でかつて日雇いでならした高齢者たちが一日一日をつないでいる。「山谷の問題は社会の縮図だ」。どんな時代にもぎりぎりの生活をする人がいるから、卵焼き弁当の値段は変えない。

「殺される」とつぶやいた男性はしばらくして300円のカレーを買いに来た。「仕事があったんだな」。菊地さんは少しほっとした。店のステンドグラスで描かれた聖母「まりや」が夕日に照らされ、2人を見守っていた。

山谷は東京都台東区と荒川区にまたがる簡易宿泊所（簡宿）の密集地域を指します。日雇い労働者が集まる「寄せ場」として1989（平成元）年には8167人が簡宿で暮らしていました。山谷に40年以上住む編集ライターの山崎美奈子さんによると、労働者のおなかを満たすため、量が多くお酒も出す定食屋が数多くありました。バブル崩壊とともに定食屋は減り、コンビニエンスストアで買ったカップ酒をあおる路上生活者の姿も目立つようになります。

2002（平成14）年のサッカーW杯を機に外国人バックパッカーが増え、近年はゲストハウスの存在感も増しています。SNSの普及で行列のできるカフェや居酒屋が生まれるなど、まちは変化しています。簡易宿泊所の宿泊者は16（平成28）年に4184人と半減。平均66・1歳と高齢化が進んでいます。

まりや食堂は南千住駅から10分ほど。一番安いのはのり弁当の130円。卵焼き弁当は160円です。300円で買える日替わり弁当、金曜限定のカレーライス、ホワイトシチューも人気です。生活が苦しい山谷の人たちに向けて物品の寄付も呼びかけています。郵送か、食堂へ直接持参してください。

◎まりや食堂…東京都台東区日本堤2の29の2。午後4時40分～6時半。月曜、土曜、日曜、祝日が定休。03-3875-9167

GORO

シリア料理×さいたま

家族と祖国の塩味

午後6時40分すぎ、スマートフォンのアプリから日没を知らせるアラビア語の声が響いた。さいたま市の静かな住宅街にあるアパート。シリア出身のヨセフ・ジュディさん（34）は床に座り、一言だけ祈りの言葉を口ずさむ。２人の子どもが弾むように集まり、１歳の次女を抱えた妻ファルハさんが床に並べた料理を取り分け始めた。

日中は水も食べ物も口にしないイスラム教の断食月（ラマダン）は今年（２０１８年、平成30年）は5月16日に始まった。食事はイフタールと呼ばれる日没後の夕食と、日の出前の朝食の２回だけ。断食後の食事は格別だ。

この日、ファルハさんが作ったのはシリアの代表的な家庭料理マクルーバ。ジャガイモや牛肉を塩などで味付けした炊き込みご飯だ。「マザー（母）がよく作ったね。みんなでよく食べたね」。ジュディさんが懐かしむ。シリアは内戦が続き、イフタールをともにした家族や友人は他国に逃れ、ばらばらになった。

シリアでは父が経営するパン工場や不動産業を手伝っていた。生活が暗転したのは２０１１（平成23）年3月に始まった「アラブの春」がきっかけだ。民主化を求めるデモ隊にアサド政権は銃口を向けた。目の前で幼い少女の両親が撃たれて死んだ。「なんでこんなことを」。必死でデモに参加した。間もなく手配写真が当局に出回った。不在中、警官に自宅へ踏み込まれ、亡命を決意。翌年8月、妻子を残して故郷を離れた。目指したのは弟が暮らす英国だ。密航業者に約１６０万円を支払い飛行機に飛び乗った。だが、ドバイと日本を経由してたどり着いたのはフランスだった。業者は行方をくらまし、経由地だった日本に戻された。「だまされた」。支援団体を頼る孤独な生活が始まった。

人道的配慮による在留特別許可は得たものの難民認定は却下された。日本語に苦労して友人も増えない中、解体業のアルバイトで糊口《ここう》をしのぎ、15（平成27）年に妻子を呼んだ。「平和なら帰りたい。でも日本はいい国ね」。少なくともここでは殺される心配はない。

小学2年になった長女ナリンさん（7）は一家で一番日本語を話せる。給食で日本食も好きになった。「シリアは覚えていない。写真はいっぱい見たけど」と笑う。

6月15日、ラマダン明けの祝祭イードを迎えた。かつては親族や友人たちと盛大に祝った日を、家族だけでささやかに祝う。この日も妻の手料理はマクルーバ。内戦前の美しかったシリアを知らない子どもたちは、家族で囲む食事に遠い祖国を感じてくれているだろうか。

東西冷戦の崩壊とともに始まった平成は、グローバル化が一気に進みました。国境を越えて働く移民が増える一方、各地で紛争が深刻化し、多くの難民も発生しました。国連機関の統計では、紛争などで家を追われた人は２０１７（平成29）年末時点で過去最多の６８５０万人。このうちシリア難民は６３０万人でした。

人の移動は食文化を多様化させます。日本でも中東やアジアの料理店が増え、イスラム教徒の断食やヒンズー教徒の菜食主義といった食との多様な向き合い方も広く知られるようになりました。

マクルーバはアラビア語で「逆さま」という意味。鍋で肉やナスなどの具材を炊き込み、皿に引っ繰り返して盛りつけます。シリアやヨルダンなどアラブ諸国で広く親しまれ、ラマダン期間中に食べることが多いそうです。

マクルーバは日本でもアラブ地中海料理店アルミーナ（東京都千代田区神田多町2の2の3　元気ビルB1F、03-3526-2489）などのアラブ料理店で提供されています。ジュディさんは2017（平成29）年、アラビアコーヒーや軽食を楽しめるカフェをさいたま市にオープンしました。シリアの家庭料理を味わうイベントでマクルーバを出したこともあります。
◎ドバイ・アンティーク&カフェ…さいたま市浦和区針ケ谷4の6の17。070-3143-0707

ーモントカレー
バーモントカレー
GORO

カレー×ヒデキのCM

甘口はスターの記憶

振る舞いの席に食卓のような甘い匂いが広がった。２０１８（平成30）年5月に63歳で亡くなり、東京都内で営まれた西城秀樹さんの通夜。すしやお酒と並んだのは長くＣＭ出演したバーモントカレーだった。「懐かしいね」。名だたる芸能人たちがこの夜は家庭のカレーを味わった。

西城さんは広島から上京し、１９７２（昭和47）年に16歳でデビューした。長髪を振り乱しながら情熱的に歌う姿に女性ファンたちが熱狂した。

辛くて当然の大人のごちそうをもっと身近に。バーモントカレーはハウス食品のそんな思いから生まれた。高度成長期、仕事で遅い父親抜きの夕食が増えていた。「これから食卓の中心は子ども。マイルドにしよう」。リンゴとハチミツを多く加え、名前はこの二つを使う健康法がある米バーモント州から取った。

発売から10年後の73（昭和48）年、子どもにも人気がある西城さんが商品の顔になる。「共演する子の控室に出向いて『盛り上がっていくぞ』と和ませていた」。元マネジャーの天下井《あまがい》隆二さん（66）はそう懐かしむ。「ヒデキ感激」と締めるCMは評判を呼び、カレーはその後、国民食になった。西城さんもCM出演中の79（昭和54）年、洋楽曲に天下井さんが訳詞を付けた「YOUNG MAN（Y．M．C．A．）」がヒットし、国民的アイドルに駆け上がる。結婚式の引き出物にはバーモントカレーを選んだ。

通夜のカレーを食べながら泣いた。リハビリジム院長の大明《おおあけ》竜八さん（58）は二度の脳梗塞《こうそく》で右半身に麻痺が残る西城さんを支えてきた。

同じ広島生まれの憧れの存在で、子どもの頃はヒデキのカレーが食卓に並ぶ日が楽しみだった。3年前、その本人が車椅子で現れ「全国の病院を回った」と言う。5秒も立てない。「大丈夫、また踊れますよ」。力いっぱい励ました。「もう一度、YMCAをやりたい」と明かされ、思いに応えようと過酷なメニューを組んだ。「痛い」「もう来ない」。毎回叫びながら一度も休まなかった。限界を超えて倒れる体を何度支えただろう。今も腕にぬくもりが残る。

麻痺がある体で何度もステージに立った。「C」しかできなかった両腕は残りの3文字も表せるようになる。楽屋を訪ねると「先生、できたよ」と前進を喜んだ。憂鬱など吹き飛ばして君も元気出せよ——。回復の早さは他の患者を励まし、歌詞のままに人々を勇気付けた。「あの人こそ、本当のスターだった」

亡くなった年の夏、西城さんの妻からお中元が届いた。箱詰めのバーモントカレーだ。子どもの頃と同じまろやかな味がする。西城さんがそばにいるように思えた。

日本に初めてカレーが入ったのは明治初期の１８７０年ごろでした。戦後間もなく固形ルーが登場。レトルトの開発や学校給食への採用も重なり、国民食への道を駆け上がりました。バリエーションは平成に入って大きく広がり、タイカレーや北海道発祥のスープカレーは流行後もすっかり定着しました。

バーモントカレーも進化します。２００５（平成17）年から中国で「百夢多《バイモンドゥオ》」を販売。甘い香りになるスパイス「八角」を加えたり、日本より黄色くしたりと中国人の好みを取り入れ、売り上げは10年間で30倍以上に。今では40以上の国と地域に輸出されています。

西城秀樹さんは１９９１（平成３）年、アニメ「ちびまる子ちゃん」のテーマ曲を歌い、平成の若者や子どもにも支持されます。スターは時代を超えて輝き続けました。

バーモントカレーにはもう一つの物語があります。甘口の開発を指示し、ネーミングにゴーサインを出したのは当時副社長だった浦上郁夫さんでした。狙いは的中し、1963(昭和38)年に発売されるやハウス食品工業(当時)の年間売上は4割増しになりました。社長になった浦上さんは85(昭和60)年、日航機墜落事故で不慮の死を遂げます。志を継ぐようにバーモントカレーは売れ続け、累計700億皿以上を販売しています。

GORO

おにぎり×助産院

出産後の母 包み込む手

いつからか子育てをめぐる悲しい事件が増えた。でも、お母さんになった瞬間の喜びはいまも変わらない。出産直後に食べたものにも、その記憶が刻まれている。

初夏の空が明るくなるころ、埼玉県越谷市の「あごら助産院」に元気な産声が響いた。「おめでとう。男の子だよ」。助産師の渡辺せいさん（68）が母になった前畑友《とも》果《か》さん（31）をねぎらう。

急変の恐れがある2時間ほど様子を見守り、渡辺さんは台所に向かった。赤ちゃんを取り上げたばかりの手に今度は塩をまぶして、雑穀を混ぜたご飯を握り始める。前畑さんに届けるおにぎりだ。

出産で体を酷使し、母乳を作り出す必要がある母親にとって栄養補給は欠かせない。手で簡単に食べられるおにぎりがいつしか産後の定番になった。「おなかが満たされたら心も落ち着くでしょ」。家庭菜園で取ったばかりのキュウリやトマトを添える日もある。

看護師を目指した10代のころ、病院で出産に立ち会った。生まれようとする赤ちゃんの頭に添えられた手が美しく、魔法のように見えた。

助産師になって産後の母子宅を訪ねる自治体の事業を請け負ったとき、小さな部屋で赤ちゃんを抱えながら「話し相手もいない」と地域から孤立している母親たちの多さを知った。「お母さんが赤ちゃんと気軽に帰って来られる場をつくろう」。11年前（平成19年）に助産院を開設した。

渡辺さんは年に20～30人を取り上げるが、笑顔でおにぎりを渡せない時もある。「妊娠した」と喜んで電話をかけてきた女性は胎児が育たなかった。「陣痛が始まった」と来院したが、おなかの中で赤ちゃんが亡くなっていた女性もいた。渡辺さんは女性の手を握り、ともに泣いた。

ある夏、「もう嫌だ」と泣きながら駆け込んできた妊婦がいた。家族関係がこじれて精神的に追い詰められていた。「ちょうどお昼だし一緒に食べようか」。少しずつ落ち着き、その後、無事出産した。彼女たちが送ってくれる年賀状や季節の便りが助産院の壁を埋めていく。

初夏に出産した前畑さんは母と夫とともに赤ちゃんを囲みながら、「なんだか遠足みたい」とおにぎりを食べた。赤ちゃんがいなくなり、ぺったんこになったおなかが少し膨らんだ。

退院の日。渡辺さんは出産に立ち会った前畑さんの母に言われた。「せいさんの手、魔法の手みたいでしたよ」。おにぎりの味と一緒に幸せな気持ちを忘れないでね。そう願い、見送った。

総務省の家計調査などによると、米の消費金額は年々減る一方、おにぎりの消費金額は増える傾向にあります。昭和時代に自宅で握って勤務先や行楽地で食べたおにぎりが、平成ではコンビニエンスストアの人気商品として変化を遂げたようです。暮らしに身近なおにぎりの根強い人気を感じます。

平成の末期にはラップの上に板のり、ご飯、具材を載せてのりで包む「おにぎらず」がブームになりました。手が汚れないだけではなく、包丁で切ると断面がサンドイッチのようで「ＳＮＳ映え」も狙えます。

おにぎらずの元祖は漫画「クッキングパパ」と言われています。主人公が第二子の誕生で忙しく、上の子のために急いで作ったお弁当でした。平成を受け継いだ新しい時代には、また新しいタイプのおにぎりが流行するかもしれません。

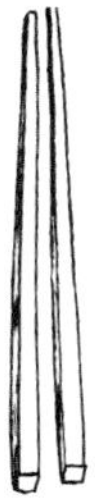

あごら助産院では入院中のお母さんの食事は3食、希望があれば家族の分も手作りの食事を提供しています。妊婦健診や思春期相談といった助産所ならではの取り組みのほか、お母さんと0歳児が集うベビーマッサージも開いています。時には蒸し芋を食べたり、味噌作りをしたり、母と子の笑顔があふれています。

◎あごら助産院…埼玉県越谷市瓦曽根1の11の13、048-960-4777。ホームページはhttps://agora-jyosanin.jimdo.com/

oRo

カツ丼×早稲田

学生街の顔 静かに幕

客が途切れた夕方、店主の加藤浩志さん（57）が手を止めた。カツ丼も売り切れ、そろそろと考えていた。「のれん入れるか」。２０１８（平成30）年7月末、東京・早稲田の老舗そば屋「三朝庵《さんちょうあん》」が静かに歴史を閉じた。

ともに店を切り盛りした母が5月に体調を崩した。「従業員も70代。見かねたお客さんがお盆の上げ下げまで手伝うようになって」。5代目の浩志さんはそう語る。

1世紀以上を大学と歩んだ。都内でそば屋をしていた初代、朝治郎が明治後半、早稲田に新しい店を開いた。大学の創設者で地主だった大隈重信から「庵と付けるのがはやり」と助言され、三朝庵と名乗る。大学の百年史には「大隈は政界多忙の身ながら努めて学生の訪問を受け、必ずそばをふるまった。三朝庵が明治39年に『大隈家御用達』の看板を受けたのもこのそばが取り持つ縁」と残る。

三朝庵が発祥とされるカツ丼は学生の発案から生まれた。大正時代、まだ高級だったトンカツが宴会のキャンセルで余ることがあった。冷めてもおいしく食べるために「卵でとじたら」との声が上がる。江戸っ子好みの甘辛いつゆに玉ネギとカツを浸し、卵を絡める――。この街で生まれた味を受け継いできた。

約60年前に嫁いできたのが母で名物おかみの峯子さん（84）だ。福岡から上京、デパートでネクタイの売り子をしていた頃に夫と出会った。「花を世話してりゃいいと言われたのに、新婚旅行から帰った日から『天ぷら揚げてくれ』って」。以来、2階の座敷をたまり場にする雄弁会の政治家の卵や、夜中に校歌を歌って店の前を練り歩く蛮カラな学生と付き合ってきた。

1960〜70年代の学生運動で大学が封鎖されると、なじみの教授は座敷を教室代わりにした。店の前に並ぶ機動隊を「これじゃ商売にならない」と追い払い、裏口から学生たちを逃がした。運動が下火になると就職の相談をされた。「若いうちなら許される。これからしっかり自分の道を探すんだよ」と励ました。

昭和の終わりの建て替えで座敷はなくなった。「雑然としていた大学は小ぎれいになった。学生もおとなしくなったね」。それでも「この店がふるさと」と通ってくれる卒業生のために店を続けた。

閉店は一部の客にしか伝えていなかった。今も、店じまいを告げる張り紙を名残惜しそうに見つめる人たちがいる。

がらんとした店を整理していると「残念だよ」と惜しむ電話がかかる。「客席やメニューを絞ればまた復活できるだろうか」。浩志さんはそんな思いも抱き始めている。

作家の井伏鱒二に元首相の竹下登……。加藤峯子さんが語る常連客の大物ぶりに記者は圧倒されました。

実は峯子さんに取材を申し込んだ際、閉店したばかりで気落ちしていることを理由に一度は断られました。後日、浩志さんにお話をうかがった後、「学生時代によく通った店だったんです」と改めて取材をお願いしました。すると峯子さんは「しょうがないわねえ」。きっと卒業生を困らせるわけにはいかないという親心だったのでしょう。早稲田に代表される学生街の飲食店には、昔も今もそんな心意気と優しさがあふれています。

ただ、変化もあるようです。２０００（平成12）年を過ぎた頃から、早稲田にもコンビニやファストフードなどのチェーン店が増え始めました。大学構内にコンビニができ、そこで食事を済ませる学生も多くなりました。

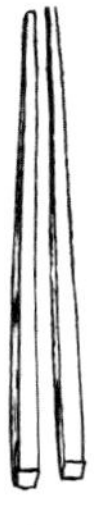

閉店した三朝庵のあった場所には、2019（平成31）年の春に別のテナントが入ることが決まりました。片付けでは店の奥から歴史ある看板や大物の色紙が次々と。一部は大学が引き取ってくれるそうです。とはいえ伝統の店も健在です。三朝庵から200メートルのラーメン店「メルシー」は今も一杯400円という安さ。店主は「学生やOBに愛される味を残したい」と店じまいした老舗の分まで腕をふるっています。

カツサンド×新宿・歌舞伎町

父と、この街の懐で

東京・新宿に「歌舞伎町一番街」の赤いネオンがともる頃、老舗とんかつ店「すずや」で弁当箱が二つ用意される。一つにはヒレカツを入れ、もう一つには自家製のソースをなみなみと注いでおく。弁当箱は近くにあるゴールデン街の「民芸酒房　SUZUBAR」に運ばれる。「すずや」社長、杉山元茂さん（65）の次女として生まれた文野さん（37）が経営するバーだ。ここでヒレカツはソースに浸され、食パンに挟まれて、カツサンドになる。ピクルスとローズマリーを添えるとバーの空気にしっくりなじむ。

文野さんは幼い頃から父とキャッチボールをして遊んだ。姉の七五三で家族写真を撮る時は「着物もスカートも嫌だ」と泣いた。穏やかな父は娘の意思を尊重した。家族写真にはブレザーと半ズボンでめかし込み、少し誇らしげな文野さんが写っている。

打ち込んだフェンシングでは日本代表にもなるが、セーラー服を着た女子校時代は自殺も考えた。「性同一性障害だと思う」と打ち明けると、父は「好きなようにすればいい」と受け止めてくれた。大学生の時、いつか体も男性にする手術を受けたいと伝えた。父は「体まで変える必要はない」と反対した。話はかみ合わず、本当は理解されていなかったのかとショックを受けた。「お父さんなりに頑張って分かりたいと思うから」。歩み寄る言葉も受け入れられなかった。

2年後、文野さんはエッセーを出版する。性への違和感や初恋、親に打ち明けられなかった事も全て綴った。本を手にした父は決めた。「これだけの覚悟をしているなら親として全力で応援しよう」

杉山家の家系をたどると、戦後、焼け野原となった新宿に歌舞伎座を誘致しようとした鈴木喜兵衛がいる。誘致はかなわなかったが、劇場や映画館の周りに飲食店が集まり日本一の歓楽街ができた。気づけばその多様性に文野さんも救われた。商店街の集まりに顔を出すと、少女の頃を知る人たちも今の自分を自然と受け入れてくれる。

「自分も、人が垣根を越えて集える場を作りたい」。4年前（平成26年）、バーを開いた。実家の味を取り入れカツサンドを置いた。「ゴールデン街は個性的な店が多いが、誰でも普通に入れる店にしてほしい」。開店前に父から頼まれた言葉を大切に守っている。

時折、父母は連れ立ってバーに来る。7席だけの木のカウンターで年齢も国籍も性別も関係なく、さまざまな人たちと肩を並べる。父は思う。「うちの店よりも新宿らしさが詰まっているかもな」

平成の時代にＬＧＢＴ（性的少数者）を取り巻く環境は大きく変わりました。
大きなインパクトを与えたのは２００１（平成13）年のＴＢＳドラマ「３年Ｂ組金八先生」。生徒役を務めた上戸彩さんの熱演により「性同一性障害」という言葉が知られるようになります。03（平成15）年に戸籍上の性別変更を認める特例法が成立。ＬＧＢＴの議員も誕生しました。15（平成27）年には東京都渋谷区で同性パートナー条例が施行されました。杉山文野さんもこうした動きを支えてきました。

取材後の18（平成30）年11月、杉山家に新しい家族が加わりました。文野さんのパートナーの女性が、ゲイである友人から精子提供を受けて生まれた赤ちゃんです。杉山さんはパパとなり「女子高生だった頃には想像もつかない」という未来に歩み出しています。

すずやとSUZUBARは歩いて5分ほどの距離にあります。すずやは1954（昭和29）年に創業して味をつないできました。すずや名物の「とんかつ茶づけ」で腹ごしらえをして、SUZUBARでお酒を楽しむのもお勧めです。
◎すずや新宿本店…東京都新宿区歌舞伎町1の23の15　SUZUYAビル5階。午前11時～午後11時（ラストオーダーは閉店の30分前）。
◎SUZUBAR…歌舞伎町1の1の10　新宿ゴールデン街G1通り。午後8時～午前3時（同）。

GORO

カクテル×秋田

友と故郷に贈る一杯

きりたんぽ鍋を出す郷土料理店の看板に明かりがともる秋田市の歓楽街、川反《かわばた》。風格ある木の扉を開けると、そこには銀座があった。

ボトルが壁一面に並ぶバックバーを背に、白いバーコート姿の佐藤謙一さん（70）がシェーカーを振る。東京・銀座で知られたバー「ル・ヴェール」を、生まれ故郷の秋田に移して10年目になった。

日活映画に登場するバーテンダーに憧れ、高校卒業後に東京のバーで働き始めた。帝国ホテルの求人を見つけて迷わず飛び込むが、一流の味を知る常連はなかなか認めてくれない。先輩が作るカクテルのレシピをトイレでメモした。

一人前の証しである黒服に昇進したある日、常連から「下の店でポケットチーフを買ってこい」と告げられる。渡されたのはチーフ代には多すぎる「ご祝儀」。戻ると拍手で迎えられ、胸が震えた。

１９９７（平成９）年、銀座に店を開く。夕日をイメージした「マンハッタン」を自分流にアレンジした。ウイスキーの味を生かすため甘さを抑え、長いバースプーンで素早く混ぜて冷たさを保つ。評判は広まり、銀座を代表するバーテンダーの一人になった。

忘れられない出会いがある。ホテル時代、「秋田のバーを引っ張っていく男」と紹介された黒坂明さん。同郷で８歳下の熱血漢を弟のように感じ、酒を酌み交わした。

「田舎はもうだめですか」。地元の衰退を嘆く黒坂さんを「土台を作るのが明の役目だ」と励ました。「秋田で一緒にやりましょう」。そう声をかけてくれた黒坂さんのカクテルは大柄な体に似合わない繊細な味がした。

黒坂さんはがんに倒れた。「髪が抜ける姿を客に見せられない」と薬を飲まず、２００５（平成17）年に49歳で亡くなる直前まで背筋を伸ばして店に立った。４年後、還暦を迎えた佐藤さんは帰郷を決める。「一緒にやれなかったけど義理を果たせるかな」。酒棚の片隅に黒坂さんの写真を置いた。

人口減が進む秋田の繁華街にかつてのにぎわいはない。それでも「この街に大人の社交場を」とバー文化を根付かせることにこだわってきた。「サトウマンハッタンが味わえるなら」とかつての常連たちもはるばる訪れる。２年前、バーテンダーに地元の若者が加わった。黒坂さんが開いたバーに通った客だった。

佐藤さんは今、地元企業から頼まれ、古里のために県産ウイスキーの開発に携わる。「ここには風が強くてスコットランドに似た場所がある」。秋田らしい味を目指して研究を重ねている。完成したら真っ先に黒坂さんに献杯しよう。

数種類のお酒に果汁やシロップ、炭酸などを混ぜて作るカクテルのブームは戦後何度か繰り返されてきましたが、平成の初めにもありました。それまでのブームのように、オシャレなバーで背伸びして味わうのではなく、若者や女性が居酒屋や家庭で手軽に楽しめるようになったことが大きな特徴でした。１９９３（平成５）年にサントリーが発売した「ザ・カクテルバー」は低価格でアルコール度数も控えめ。色鮮やかな瓶入りのスタイルも受け、ブームを加速させました。

マンハッタンは世界で最も有名なカクテルのひとつです。透明で辛口なマティーニが「カクテルの王様」と称されるのに対し、澄んだ赤が印象的なマンハッタンは「カクテルの女王」です。材料がシンプルな分、微妙な量や混ぜ方が味を左右する、作り手の腕が問われるカクテルです。

ル・ヴェールはJR秋田駅から徒歩15分。大人の雰囲気を楽しめるようドレスコードがあります。マンハッタン（1600円）はライウイスキーにスイートベルモット（香りが付いたワイン）と、味を引き締めるビターズというリキュールを混ぜて作ります。ピンに刺したチェリーをグラスに沈め、レモンピールを絞れば完成です。

◎ル・ヴェール…秋田市大町4の1の5。午後7時半〜午前2時（ラストオーダー午前1時半）。日曜定休（電話で要確認）。018-874-7888

GORO

親子丼×子どもの居場所

腹いっぱいなら悪させん

「ばっちゃん、腹減ったあ」。日が暮れるころ、空き店舗を改装した広島市の一室に子どもたちが次々とやって来る。NPO法人「食べて語ろう会」の中本忠子さん（84）らが家庭料理で迎え入れ、4升の米が一晩でなくなった。

PTA役員だった中本さんは1980（昭和55）年、補導された中学生を親に代わって迎えに行ったことを機に保護司になった。「シンナー吸っとる間、腹が減ってることを忘れられるんじゃ」。盗みをした少年のつぶやきを聞き、無償で料理を出すようになった。

評判は広まり、自宅アパートには毎日10人以上があふれるようになる。手が回らない時に思いついたのが親子丼だ。作り置きした鍋に卵やタマネギを継ぎ足せば、すぐに提供できる。濃いめの味付けも子どもたちに喜ばれた。

それぞれの親は刑務所にいたり、薬物に依存していたり、複雑な家庭事情がある。中本さんは自分から話したくなるまで家族の話や悩みは聞かず、話にそっと耳を傾ける。約40年で食卓を囲んだ子どもは３００人を超えた。

調理ボランティアに美々《みみ》さんと呼ばれる45歳の女性がいる。３年前、次男（20）に連れられて来た。20代前半で覚醒剤に手を出し、家事も育児もままならず、離婚した。児童養護施設に預けられた次男と5年近くかけてやっと暮らせるようになったのに、住み始めてすぐ次男は荒れた。

自暴自棄になった美々さんは再び覚醒剤に頼った。次男は中本さんのもとへ通っていたある日、悩みを打ち明けた。「俺の母ちゃん、助けたってくれんけ」。やって来た美々さんを台所に立たせると包丁の握り方さえ危なっかしい。それでもエプロン姿が板についてきたころ、美々さんが自分で作った親子丼を次男に食べさせた。「ばっちゃんのと味ちゃうけどうまいわ」。頬の涙をエプロンでぬぐった。

立ち直った子どもが大人になり、食材を届けてくれることもある。「おなかいっぱいなら悪さはせんのよ」。中本さんはそう確信している。

「あのね……」。中本さんだと叱られると思うのか、美々さんにこっそり悩みを打ち明ける少女もいる。「周りの人に迷惑かけて悲しませるのって後々きついねんで」。子どもの目線に下りて話ができる美々さんはこの場所に欠かせない存在になった。

夕食の時間が終わると、間に合わなかった子のために弁当も用意する。美々さんは善意で届けられた食材でおかずを作る。「卵焼きの味付け、変えてみよかな」。また明日が来るのが待ち遠しい。

子どもたちから親しみを込めて「ばっちゃん」と呼ばれる中本忠子さんの親子丼をいただくと、鶏肉やタマネギをしっかり煮込んだ関西風だしの甘さが口の中に広がりました。現在は調理ボランティアが4人いますが、味付けは40年近く変わっていないそうです。

この間に中本さんを訪ねる子どもや、子どもを取り巻く環境は変わりました。地域におせっかい役の大人がいなくなり、インターネットの影響からか、内に閉じこもりがちな子が増えたと言います。複雑な家庭も多く、孤立を防ぐのは簡単ではありません。

丼を平らげる一人一人と絶妙なやり取りを見せる中本さん。今どきの子どもの内面を推し量る方法を尋ねると「見返りを求めたらあかん。相手に失礼だし、心が通じんでしょ」とさらり。体力が続く限り、台所は譲らないと決めています。

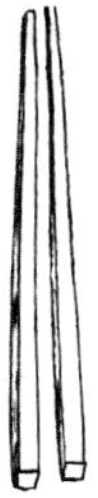

「食べて語ろう会・基町の家」は広島市の平和記念公園の近くにあります。非行を防ごうと、おなかを空かせた地域の子どもたちに無料で食事を振る舞っています。米や卵などの食材と運営は全国から届けられる寄付に支えられています。活動スペースの狭さが課題で相談室の拡張を目指しています。
◎食べて語ろう会…広島市中区基町20の7の559号　午前11時～午後6時。問い合わせは同会（082-962-2211）へ。

GORO

エビフライ×介護の食卓

忘れない夫の笑顔

夫が口腔《こうくう》底がんの手術を受けて間もない食事だった。体力を取り戻してほしいのに1時間半かけても食べきれない。諦めた姿を見てつい言ってしまった。「どうして食べられないの？　わがままだよ」

出されていたのは薄いおかゆと汁物、そして流動食のおかず。おかずを食べてみたが、おいしくない。「元気になるのは自分にかかっている」。料理研究家のクリコこと保森《やすもり》千枝さん（58）のおいしい介護食作りが始まった。

電機メーカーで広報を担当していた頃、出版社のスキー旅行に誘われ、3歳年上で記者の章男さんと出会った。意志の強さや優しさに一目ぼれした。二人とも食べることが大好きで友人を呼んでパーティーを開き、国内外のレストランに通った。クリコさんに料理教室を開くよう背中を押したのも、新作を食べて助言するのも章男さんだった。

手術を受けたのは２０１１（平成23）年。舌を切断して、歯は１本となり、かむこと、のみ込むとができなくなった。食べられる幸せとともに夫から笑顔が消えた。

料理研究家といえど、介護食を作るのは初めてだった。料理を見た時の「おいしそう」というワクワクする気持ちをなくしてほしくないから、見た目も大切にして試行錯誤した。肉や魚は一度ミキサーにかけてから元の形に整えればいい。そうひらめいた。

夫の好物であるエビフライにも挑戦した。他の具材とミキサーにかけたエビのすり身に、かまなくても大丈夫なきめ細かいパン粉をまぶして揚げる。「これってエビフライ?」「なんちゃってエビフライ。食べてみて」「おお～、うまい。ふわふわだあ」。夫の笑顔をまた見られた。

夫が6年前に天国へ旅立った後、介護食の料理教室を開いた。親を介護する人、子どもに障害のある人……、大切な人においしいご飯を食べさせたい人たちがやってくる。

ある日、脳性麻痺の少女を連れた母親が参加した。家族の料理を見て娘が「私もそれが食べたい」と言うようになった。ミキサー食を口にしなくなり「わらをもつかみたい思いの時にレシピに出合えた」と母親は言う。教室で一緒に作ったのはエビフライ。夫のために考えた特別な料理を少女はとても喜んでくれた。

夫は余命宣告を受けてから残される自分のことを心配していた。何かに夢中になって挑戦している姿を好きでいてくれた。だから今の自分にもいつものように声をかけてくれるだろう。「君は料理を続けるのが一番良いよ」

内閣府によると、2017（平成29）年の日本の高齢化率は27・7％に上ります。先進諸国と比べると1980年代までは下位に位置していましたが90年代にほぼ中位に、2005（平成17）年に最も高い水準となりました。

介護食のニーズも高まっています。全国の食品メーカーでつくる日本介護食品協議会が会員企業を対象にした調査（ユニバーサルデザインフード生産統計）によると、生産額は07（平成19）年の53億5900万円から、17（平成29）年は249億1000万円に拡大しました。

自宅で介護を受ける人や一人暮らしのお年寄りが増えるなか、おいしく食べられる介護食がいっそう求められています。クリコさんは「やわらかく調理されたお弁当やお総菜の選択肢が増え、より身近に店頭で買えるようになったらいい」と期待しています。

クリコさんの介護食はおいしいだけでなく、盛りつけのコツや手間をかけないための技術も伝授してくれます。とろみ剤やゲル化剤など市販のアイテムも使って無理なくトライできます。レシピは「希望のごはん　夫の闘病を支えたおいしい介護食ストーリー」（日経BP社）、「噛む力が弱った人のおいしい長生きごはん　誤嚥を防ぐ!」（講談社）
◎クリコさんのホームページ
http://curiko-kaigo-gohan.com/

GORO

ヤツガシラ×東京・羽村

手作りの喜び次代へ

2018(平成30)年暮れ、寒さが深まる畑を掘り進めると、収穫後に保管していたヤツガシラが姿を現した。サトイモの一種で正月料理に使われる縁起物を「天然の貯蔵庫」から出荷すると新年は近い。東京都の多摩地域にあり、良質な水で知られる羽村市。宮川修さん(71)がこの地で農業を営んだ歴史は平成の歩みと重なる。

NKK(現JFEグループ)の元造船技術者。入社2年目に100億円規模のタンカーの形を決める設計を命じられる。東大で船舶工学を学ぶも実務の図面を書いたことはなく、週末に先輩の家に通って教えを請うた。船が無事に走ると胸をなでおろした。

造船不況と同時期にバブル景気とスキーブームが到来する。課長として任されたのが東京湾岸に計画された世界最大の屋内スキー場「ザウス」(平成14年閉鎖)だ。設計を進めながらパウダースノーを降らせる実験を繰り返した。

その頃、妻の父が病死する。江戸時代から続く家業の農業を継いで土地を守れるのは自分しかいない。基本設計を完成させ、後ろ髪を引かれる思いで１９９０（平成２）年に退社した。

43歳で飛び込んだ農業は甘くなかった。１年目の売り上げは1万円に届かず、翌年も50万円ほど。「こんなに大変なのか」。繰り返し実験できた造船や雪作りとは違い、失敗すると1年待たなければならない。「あと何回挑戦できるのだろう」と怖かった。

苦しい中、支えてくれた人たちがいた。親戚が近所の人を集めて「農業を教えてやってほしい」と頭を下げ、野菜ごとに先生がついた。小規模農家が市場に出荷しても買いたたかれることが多く、仲間たちと直売所設置を市に求めた。実現すると、生産した自分の名前を示して自ら決めた値段で販売できた。新鮮な野菜が新しい客を引き寄せた。


平成最後の新年を迎えた宮川さんの食卓には今年もヤツガシラの煮物が並んだ。農業を始めた頃、親戚がくれた種イモから生産を始めた。正月料理を作る家庭が減り、昔ほどは売れないが「大切に作り続ける」と決めている。

経営のバトンは食卓を囲む長男の修典さん（39）に引き継いだ。「うまく代替わりができたかな」。この30年で地元の農家は半減した。それでも「真剣に向き合えば、良い方向に進む」と信じている。

直売所の初荷式を終えた宮川さんはおろしたてのノートを手にしていた。これから1年の生産計画を練る。船からスキー場、そして農業へ。時代が変わり、描く設計図が違っても自分の手でものを作る喜びは変わらない。

ヤツガシラ（八頭）は親芋と子芋が分離せずに大きく育つことから、子孫繁栄などを願う縁起物として正月料理に使われています。「八」は末広がりでもあります。一般的な里芋よりも肉質がしっかりしていて、ホクホクとした食感が愛されています。

平成は農家にとって厳しい時代でした。１９９０（平成２）年に４８０万人を超えていた農業就業人口は２０１８（平成30）年に１８０万人を割りました。高齢化で離農する人が続き、若者の就農が伸び悩んでいるためです。政府は農地集約による経営強化などに力を入れますが、先行きは楽観できません。

一方、お祭りといった伝統文化を守るなど多くの農家が本業以外でも地域に貢献しています。農家として平成を駆け抜けた宮川修さんは「社会には農家が必要だという誇りを持って」と若い就農者にエールを送ります。

東京都羽村市は米を作らない時期の田んぼで育てるチューリップでも有名です。関東最大級規模で4月中旬ごろ見頃を迎えます。農産物直売所はJR羽村駅から徒歩15分。農家の写真が貼られ、野菜などの育ての親が分かります。「新鮮で安全性に自信があります」とPRしています。

◎羽村市農産物直売所…羽村市羽加美1の32の1。午前9時半～午後5時半（3月31日、4月第2日曜、9月30日、年末年始は休み）。042-579-5467

食を描くということ

佐々木悟郎

絵について聞かれる質問の中に「どんなモチーフがお好きですか？」というのがある。正直言うと、特別モチーフやテーマに好き嫌いはない。イラストレーターという職業柄、何でも描かなければいけない（あるいは、そうあるべきだ）という意識が働き、モチーフによって姿勢や感情が左右されることは極めて少ない。そのほとんどがクライアントからの依頼でかくわけで、実際モチーフを選り好みしている場合ではないのだ。

だが、描きやすいものとそうでないものは確かにある。わくわくするものと多少我慢して描かねばならないものもある。しかしどんな内容に於いても共通するのは、描くこと自体が楽しいということである。

料理や食材は、そういう中で難しくかつ楽しいモチーフと言っていいだろう。料理は「いかに美味しそうに描くか」が大前提である。ただ見た目をそのままかくのではなく、香りや温度までも伝えられたら尚よい。料理自体が一つの作品であるから、その佇まいや美しさを損なわず表現したいと思う。

この連載では全部で30種類の料理を描いた。内容は和、洋、中とバラエティーに富んでおり、これはなかなか手強いぞ、というのがいくつかあった。たとえば「豚骨ラーメン」（Ｐ16）、「おしるこ」（Ｐ76）、「カツ丼」（Ｐ１００）、「親子丼」（Ｐ１１２）などだ。たっぷり背脂の浮くスープの中で麺や具が渾然一体となり、ご飯の上で半熟の卵と衣が混沌とした状況を呈している。そういった現場（今回は資料写真だったが）を目の当たりにして、さてこれをどう料理しようかとしばし考える。

楽に描く近道やマニュアルはない。ただじっくり観察して頭の中のパレットでいろいろ試していく。混沌をできるだけ簡潔なイメージとして捉え、曖昧さを自分の表現に置き換えるのだ。このプロセスが最も難しいが醍醐味でもある。

透明水彩はかいた上からかき直しが出来ない。つまり考えながらかき進むことが出来ないので、あらかじめスタートからフィニッシュまでの道のりを頭で把握しておく必要がある。しばらく観察をしていると難解なパズルが解けたときのように、これだという一つの方法が見つかる。こうして初めて、「さて、描くか」となる。

１年と３カ月にわたり連載された心に触れるエピソードと絵が一冊の本として形になるのは、ありがたいことである。果たして料理を作った方々の気持ちも一緒に、絵で届けることが出来ただろうか。この企画を提案してくださった毎日新聞社の磯崎さん、毎回原稿等のやりとりをしていただいた銭場さん、記者のみなさま、ありがとうございました。素敵な装丁にしあげてくださった宮川さん、感謝です。

２０１９年　春

おわりに

人を描く。時代を描く。

新聞社の社会部記者というと凄惨な事件や大災害、深刻な社会問題を追うイメージが強いかもしれないが、実はそんな役割も担っている。

「悲しいニュースが多い社会面を開いたとき、せめて週末にはじんわり心が温かくなるような定期連載を始めたい」。若い記者たちの声を受けて議論を始めたのは、２０１７（平成29）年の初夏。より多くの読者の心をつかむ連載にするためには、どんなコンセプトにすればいいか。アイデアを出し合い、たどり着いたキーワードが「食」だった。

「食」はいつの世も誰もが強く関心を持つテーマだ。時々の世相を映すうえに、一人一人の人生にも忘れられない「食」がある。「食と人との物語」を書こう。方向性が定まった。

そしてもう一つ、紙面に新しい風を吹き込もうと考えたのが「イラスト」だ。社会面に掲載される画像のほとんどは写真だ。そこに突然、うな重やラーメンのイラストがカラーで登場すれば、堅苦しいと思われがちな新聞へのイメージも変わるかもしれない。

お願いしたい人がいた。ＪＡＬの機内誌で見た、思わず食べたくなるような水彩挿絵が記憶にあった。作者はイラストレーターの佐々木悟郎さん。コンセプトを伝えると興味を持っていただき、多忙な中で新作を描き下ろしてもらえることになった。

こうして17年10月、日曜日の毎日新聞社会面で連載「いただきます」がスタートした。著名人の秘話から市井のドラマまで、記者たちはそれぞれの取材網や感性を駆使し、深いドラマを探し求めた。一回一回、取材が進むと悟郎さんにあらすじと食の写真を送り、悟郎さんから繊細でぬくもりのある作品が届く。絵に見合う文章になっているか。記者たちは推敲を重ね、見出しにも知恵を絞った。「社会部記者×イラストレーター」の共同作業は新聞社にとっても新鮮な経験だった。

19（平成31）年1月まで続いた新聞連載は、デスクを担当した銭場裕司・遊軍キャップを中心に、安高晋、奥山はるな、山田麻未、後藤豪、関谷俊介、柳澤一男、金子淳、川上珠実、成田有佳、飯田憲――の11人が取材、執筆にあたった。

また本書の出版は、連載に関心を寄せていただいたブックマン社・小宮亜里編集長の多大なご尽力がなければ実現しなかった。小宮さんの発案により「平成」という新たなキーワードで個々の記事をつないでいくと、連載当時は意識していなかったものの、それぞれの物語に平成が投影されていたことに気づかされた。

この本が店頭に並ぶときには、新しい元号・令和が歩みを始めている。昭和から平成、そして次へ。新しい時代を迎えてこの本を手にとったとき、「平成」の息づかいを改めて感じていただければ、うれしく思う。

２０１９年４月　　　毎日新聞社会部長　磯崎由美

毎日新聞東京本社社会部
事件・事故や裁判、災害にとどまらず、政治、経済、スポーツ、文化など、森羅万象にわたるテーマのニュースを追いかけている。「いただきます」は普段は特定の担当を持たずに連載企画やキャンペーン報道などを手掛ける遊軍記者が中心になって執筆した。

佐々木悟郎（ささき・ごろう）
1956年生まれ。1978年、愛知県立芸術大学デザイン科卒業。81年、アートセンター・カレッジ・オブ・デザイン卒業。83年、NACC展ADC部門特選。2000年、講談社出版文化賞さし絵賞。著書に「ライカ百景」（枻文庫）、「水絵を描く 佐々木悟郎」（美術出版社）、「水彩スケッチ」（美術出版社）、「Songs to Remember」（ヤマハミュージックメディア）、「20 Cherished Objects」（Blue Sky Books/888 Books）。

いただきます―平成 食の物語

二〇一九年四月二六日　初版第一刷発行

著　者　毎日新聞社会部
絵　　佐々木悟郎

出版協力　毎日新聞社

発行者　田中幹男
発行所　株式会社ブックマン社
〒一〇一―〇〇六五　千代田区西神田三―三―五
TEL 〇三―三二三七―七七七七　FAX 〇三―五二二六―九五九九
http://www.bookman.co.jp/

印刷・製本　大日本印刷株式会社

ブックデザイン　宮川和夫事務所

ISBN 978-4-89308-916 -8